U0142963

# 教育思想起

## 看見老師、學生核心素養

王全興　著

五南圖書出版公司 印行

# 教育的理論發想與實務翻轉

　　教育是百年大計，不能短視近利，需深耕現在，方見未來。教育本質是要啟迪、激勵、引發學生想像力、思考力、創造力和解決問題能力，唯有學生具備自主行動力、溝通互動力、社會參與力之後，才能將教育理論徹底地在實務場域中翻轉過來。

　　教育，是一條永無止境的道路，需看見師生核心素養，並為學生開啟學習之門，是所有教育人的共同使命。愛爾蘭詩人葉慈曾云：「教育不是注滿一桶水，而是點燃一把火」，希望每位教育工作者莫忘初衷，秉持「成就每位學生而來，也以學生成就充實自我」之信念，培養學生知識、能力、態度的核心素養，共為教育譜下幸福溫馨的篇章。

　　近二十年來，我國進行了幾次課程與教學的變革，這些改革當中所出現的新觀念或新名詞，例如：「建構主義」、「九年一貫課程」、「課程綱要」、「基本能力」、「PISA 國際評量計畫」、「學力檢測」，再到當前十二年國民基本教育課程綱要提及的「核心素養」等概念，常令人目不暇給，但往往也成為眾所矚目的焦點，引發廣泛的討論。

　　教育的改革需要將理論融入現場而進行實踐，作者王全興老師的學術研究不但具有此濃厚獨特性，更是位致力於將理論與實踐融合的務實型學者。迄今，在教育期刊均可看見其研究的豐碩成果，其中有關課程和教學相關的學術論文頗多，對課程與教學在實務界已形成一定程度的影響力。現今他更有心將其心得與想望於專書出版，持續關心國內教育實務，並將研究成果、教學省思進行推廣和精進，深深感佩他對教育理論追求的熱忱，以及在實務

工作的深度投入。

　　從此書中，個人更深一層讀到本書作者在核心素養上的規劃、領導與實踐之熱忱、真誠、周延與執著，這些都是可以從他的三個篇章（教學現場、教學實做、號角響起）中，透露出豐富的訊息。個人不揣淺陋，略述數語，以陳敬佩之意。

國立高雄師範大學榮譽教授

2016 年 2 月 22 日

# 推薦序 看見教育的未來

教育議題經緯萬端短時間難以描繪其全貌，但只要有心人願意在教育領域長期投入必能有所斬獲，王全興主任即是一位教育有心人，一直在教學現場默默付出辛苦耕耘，因此他不但是教育部教學卓越金質獎、臺南市教育界師鐸獎、SUPER 教師首獎得主，更是優秀的候用校長，更難能可貴的是全興老師在百忙之餘，還能抽空撰寫文章嘉惠教育界，此乃教育界之福。

「教育思想起」乙書共有 3 大主題 28 篇文章：區分為教學現場（11 篇）、教學實做（8 篇）與號角響起（9 篇）。針對教育議題用深入淺出的方式來論述，內容包羅萬象涵蓋諸多領域，包含：12 年國教、教育政策、教學方式、課程領導、合作學習、品德教育、校園霸凌、特殊教育、教育資訊科技、數學遊戲教學、翻轉教育、代間教育、批判教育，以及全球素養等，聚焦看見師生們的核心素養。每一篇文章都是作者親身體驗的心得，更是用心撰寫經典之作。有幸閱讀此書，發覺這是一本相當實用的書，不但有教育理論的依據，而且又有豐富的教學實務經驗，提供一些教學的技巧與秘訣，深信對於各級學校校長、主任、組長與教師一定有很大的助益。

王全興主任就讀本校博士班期間，平時勤於學術理論研究，具有濃厚的批判思考與深厚的教育素養。除此之外，王全興博士同時也在臺南市永福國小教育基層服務，目前在台灣首府大學教育研究所兼課，在學術殿堂與教學現場的歷練之下，對於教育理論與實務融會貫通，撰寫「教育思想起」專書著令人佩服。特別是其文筆流暢，閱讀起來如沐春風，而且內容舉例確實，論述清晰，乃是教育夥伴可參酌運用書籍，相信對教師教學、學生學習或多

或少必有助益。出版前夕，謹贅語推介，期盼各級學校教育工作者樂於參考閱讀。

國立中正大學教育學院院長

蔡清田

2016.1

# 推薦序

# 走過變革，陪伴成長，
# 聽見心聲，看到成效

「走過變革，陪伴成長，聽見心聲，看到成效」是個人對王全興教授《教育思想起》此書的註解。其原因有三：

第一 基於教育變革的時機：107學年乃臺灣教育變革的新紀元——「十二年國民基本教育」正式上路。變革不必然更好，但是不變革就絕不可能進步。自十八世紀科學啟蒙以降迄今，隨著科技的迅速發展以及世界扁平化的趨勢，臺灣的教育也面臨空前的挑戰，既需要彰顯本土特色，也需要符合世界潮流，故教育除了掌握本質外，必須能培養學生具備國際競爭力，並勇於承擔世界公民的責任。質言之，教育已經不得不變革了，而臺灣教育此次的變革不僅是課程與教學的變革，更是理念的變革，其重要性不言可喻。王教授此書以十二年國民教育改革為主軸，乃呼應政府教育新政策，頗具前瞻視野。

第二 重掀「學生中心」教育理念：「學生中心」思想不僅可溯自杜威（J. Dewey, 1859-1952），更可追溯自自然主義的盧梭（J.J.Rousseau，1712-1778）。盧梭在《愛彌兒》(Emile) 一書中強調，要成為文明人或社會人之前，必須先成為自然人。所謂「自然人」就是一種純真，不受社會習慣的束縛與沾染，讓天生本性由內發而起。自然人的本真若消失，則其後續的社會人和文明人也將是扭曲的。然而世人大多欠缺老子的智慧，但能做的就是在資本主義和市場導向的氛圍中，記取老子的「反璞歸真」。以學生為中心的本質旨在回歸學生的本質和本真的生命存在意義和價值，也就是人之所以為人的「人味兒」。王全興教授此書即針對

十二年國民基本教育改革的鉅觀面及微觀面進行剖析與梳理，從直接的內涵，到間接的品格與霸陵行為，乃至於課程的領導與教師的專業社群，均顯露學者以及第一線教育工作者對教育的赤誠與投入，具時代性與省思性。不愧是教育部教育家部落格人物典範，更是 SUPER 教師的精神展現，值得肯定。

第三　教育的人文性必須建立在績效責任之上：易言之，教育的魅力必須呈顯人文性與績效責任的辯證合，如此方能獲得社會的認同。就此言之，教育無論如何變革，都不能不講求成效，但是教育的成效並非「單一的」、「普效性」的「唯一」，相對的，學生既是多元，教學既是因材／才施教，則教學就必須達到適性揚才，並收拔尖輔弱之功。王教授此書可謂為其多年來對教育實踐（教學現場）、省思（教學實作）與前瞻（號角響起）的總其成。值得推薦給關心教育的伙伴們，無論是第一線教師，家長、教育行政人員，或教育行政領導者，均可從字裡行間的情感，咀嚼出教育生命的真諦，以及教育乃振民育德之點滴工程的理念與實踐。

　　《禮記・學記》云：君子如欲化民成俗，其必由學乎。然而，學，不僅僅是教師的活兒，也非學生自己的事兒，而是所有關心化育英才、關切社會發展、關注人類永續者共同的責任。王教授此書沒有說教，沒有戒言，只有一分真心和殷殷期許，從隱微處、肺腑中呼籲關心國家和人類者，當先關懷教育，並共同為教育付出一份心力。個人有幸先拜讀王教授的大作，心有所感，忝為序，以共勉之。

溫明麗　謹誌

丁酉年端月于台灣首府大學

# 自序

# 四十不惑劃新頁，
# 核心素養擘契機

　　偶然拜讀賈島《劍客》：「十年磨一劍，霜刀未曾試。今日把示君，誰有不平事？」之詩句，竟泛起心中陣陣漣漪。算算日子，作者在教育這片園地已默默耕耘十多年之久，古云：「十步之內必有芳草，十年之內必有所成」，於是自發地將歷年所發表的教育文章集結成冊，希望和長期在教育志業上努力的伙伴們互動、共好。誠如孔子所說：「三十而立，四十而不惑」，即將邁入不惑之年，藉由出版本書來惕勵自我，對教育需要持續的關注與付出，並且要不斷修煉和精進學習，畢竟學海無涯之外，更要終身學習。

　　眼下臺灣正在推動「十二年國民基本教育」，期望藉由進行國民基本教育的課程改革，培養具現代公民素養之國民，藉此改善當前的社會亂象，進一步促成臺灣社會文化之發展、經濟之成長。根據聯合國教科文組織、OECD及歐盟等國際組織之研究發現「以素養為本的課程」，特別是以「素養」為核心的未來課程，可提升國民核心素養，有助國民個人發展的自我精進與社會發展的凝聚團結。在推動十二年國民基本教育改革之際，應以此素養作為課程改革、發展與設計的主軸，使國民透過跨域和統整進行學習，始獲得必須具備的「核心素養」，培養每一個國民成為具有國際視野與關懷本土，能自主行動、社會參與、溝通互動，且與時俱進的自發、互動、共好終身學習者，俾期營造出「成功的個人生活」外，也能更進一步的參與社會活動，達成建構功能健全的社會，以厚植國家競爭力的願景。

　　朱熹在《觀書有感》言及：「半畝方塘一鑑開，天光雲影共徘徊；問渠那得清如許？為有源頭活水來。」作者希望藉由「教育思想起—看見老師、

學生核心素養」一書，能吸引社會大眾來關心學校現場所發生的一切狀況，最終目的是讓教育更臻完善，以培養每位學生成為「金牌選手」，進而躍升成為「金牌教練」。作者從學校基層職務歷練而起，如今在學術殿堂台灣首府大學教育研究所授課，嘗試將教育實務與教育理論統整起來，套句杜威的話：「沒有教育實務的教育理論是空泛的，缺乏教育理論的教育實務是盲目的。」是以，本書兼具教育理論與教育實務，期盼這本書的出版能對臺灣推動課程改革的教師、家長或學生，有些許的啟發或貢獻。本書儘管已盡力追求結構完整與內容周延，然而教育議題層出不窮，非作者所能道盡，亦非本書所能詳述，難免有缺漏之處，敬祈各位教育賢達先進不吝予以斧正與賜教，以供日後修正之依據。

王 全 興 謹識

民國 106 年 2 月

目　錄　　　　　　　　　　*序*

## 【知識】*教學現場*

# 【能力】教學實做

目　錄

## 【態度】號角響起

教育思想起

看見老師、學生核心素養

【知識】教學現場

# 1 十二年國民基本教育的內涵

## 一、前言

過去臺灣教育由於「升學主義掛帥」，強調「學科知識」，過度重視「智育」，導致九年國民教育標榜「德、智、體、群、美」的「五育並重」，淪為「國、英、數、自、社」的「五育『病』重」；國民中小學九年一貫課程改革強調可以帶得走的「能力」，而不是背不動的書包，但是，學校師生仍疲於奔命地應付升學考試，未能有效地統整所學的知識、能力與態度，國民缺乏「素養」之習得與展現，引發國內諸多學者關注並指陳我國國民接受各級學校教育後並未具備現代國民所需的「素養」（洪裕宏，2008；胡志偉、郭建志、程景琳、陳修元，2008；高涌泉、陳竹亭、翁秉仁、黃榮棋、王道還，2008；陳伯璋、張新仁、蔡清田、潘慧玲，2007；彭小妍、王瓔玲、戴景賢，2008；顧忠華、吳密察、黃東益，2008）。如近年食安事件：毒澱粉、塑化劑事件等案，都是需要高知識、高能力的，這些犯案的人本身並不缺知識，也不缺能力，但在他們身上可以明確地看到一個事實—他們有雄厚的知識背景及能力技術，卻沒有良善的「態度」與「情意」，而態度恰恰是「素質」的重要內涵。由此顯見，現今國民義務教育應從強調「能力」的學習，轉而成為注重「國民核心素養」的培養。

此外，蔡清田 (2014) 進一步從十二年國民基本教育課程改革的論點，界定「國民核心素養」（national core competencies, NCC 或 national key competencies, NKC）係指每一個「國民」（national）都須具備的「核心素養」（core competencies），是國民必須具備核心而關鍵必要的「素養」（同時涵

蓋國際組織普遍通稱的 competence 與英、美人士廣泛使用的 literacy），係指能積極地回應個人與社會生活需求，包括使用知識、認知與技能的能力，以及態度情意、價值與動機等（洪裕宏，2011），強調「非先天遺傳的」後天「教育」與人為「學習」之重要功能（陳伯璋、張新仁、蔡清田、潘慧玲，2007），且其內涵涉及一個積極生活與功能健全社會對國民的期望（Inglis & Aers, 2008）。

## 二、國民核心素養的意涵

「國民核心素養」受到許多國際組織與先進國家的高度重視（Rothwell & Graber, 2010）。聯合國教科文組織、OECD 及歐盟等國際組織及其會員國的課程改革普遍重視「核心素養」的理念，強調核心素養的功能，特別是強調國民核心素養已被許多國際組織會員國的先進國家當成是國民教育基因改造的 DNA，並做為國民教育課程改革的 DNA，有助於「個人發展」與「社會發展」（Canto-Sperber & Dupuy, 2001; Gilomen, 2003, 2003; Halász & Michel, 2011;Karseth & Sivesind, 2011; OECD, 2005, 2005; Rychen & Salganik, 2003;Tsolidis, 2011），更是獲得「成功的個人生活」與建立「功能健全的社會」之國民教育課程改革核心。

而眼下台灣正在推動「十二年國民基本教育」，期望藉由進行國民基本教育的課程改革，培養具現代公民素養之國民，藉此改善當前的社會亂象，進一步促成臺灣社會文化之發展、經濟之成長，而根據聯合國教科文組織、OECD 及歐盟等國際組織之研究發現「以素養為本的課程」，特別是以「素養」為核心的未來課程，可提升國民核心素養，有助國民個人發展的自我精進與社會發展的凝聚團結（Halász & Michel, 2011），因此上述之國際組織會員國莫不努力透過「優質教育」，培養優質國民核心素養，建設「優質國家」。

我國國民核心素養是最具全球視野與臺灣本土教育思想的國民核心素養，其理論依據包括主要先進國家的論點與蒐集國內學者專家研究意見，可

謂集 21 世紀國民核心素養重要內涵之大成，並非只是台灣本土的教育研究者關起門來自己閉門造車，也不是一味的偏重參考國外文獻與方法，忽略考量本土的文化脈絡與社會情境，乃是注重在當今全球化的趨勢中培養與國際接軌，同時又側重我國華人教育、具備東方教養色彩的核心素養，此一核心素養是最適合我國文化、社會經濟、教育特色的國民核心素養，在推動十二年國民基本教育改革之際，應以此國民核心素養做為課程改革、發展與設計的主軸，使國民在經過幼兒教育階段、初等教育階段、前期中等教育階段、後期中等教育階段等四個階段的學校教育後，透過跨越各個領域／科目課程進行學習，能獲得必須具備的「核心素養」，培養每一個國民成為具有國際視野與關懷本土，能自主行動、社會參與、溝通互動，且與時俱進的自發、互動、共好終身學習者，使其除了能營造出「成功的個人生活」外，也能更進一步的參與社會活動，達成建構「功能健全的社會」以「厚植國家競爭力」的願景。

## 三、十二年國民基本教育國民核心素養的內涵

### (一) 國民核心素養內涵與指標向度關聯性

綜合國內外各研究者對於國民核心素養內涵的相關研究，進行彙整分析後，將國民核心素養內涵與指標向度關聯性彙整如表1。

**表1 國內外各研究者與指標向度關聯性**

| 研究者 | 自主行動力 | | | 溝通互動力 | | | 社會參與力 | | |
|---|---|---|---|---|---|---|---|---|---|
| | A1 身心素質與自我精進 | A2 系統思考與解決問題 | A3 規劃執行與創新應變 | B1 符號運用與溝通表達 | B2 科技資訊與媒體素養 | B3 藝術涵養與美感素養 | C1 道德實踐與公民意識 | C2 人際關係與團隊合作 | C3 多元文化與國際理解 |
| UNESCO (2003) | ◎ | ◎ | ◎ | ◎ | | | ◎ | ◎ | |
| OECD (2005) | ◎ | ◎ | ◎ | ◎ | ◎ | | ◎ | ◎ | |
| European Commission (2005) | | ◎ | ◎ | ◎ | ◎ | ◎ | ◎ | ◎ | ◎ |
| 洪裕宏等 (2008) | ◎ | ◎ | ◎ | ◎ | ◎ | ◎ | ◎ | ◎ | ◎ |
| 陳伯璋、張新仁、蔡清田、潘慧玲 (2007) | ◎ | ◎ | ◎ | ◎ | ◎ | ◎ | ◎ | ◎ | ◎ |
| 柯華葳、劉子鍵 (2005) | ◎ | ◎ | ◎ | ◎ | ◎ | ◎ | ◎ | ◎ | ◎ |
| 教育部 (2006) 中小學一貫體系參考指引 | ◎ | ◎ | ◎ | ◎ | | | ◎ | ◎ | ◎ |
| 教育部 (2008) 九年一貫課程綱要十大基本能力 | ◎ | ◎ | ◎ | ◎ | ◎ | ◎ | ◎ | ◎ | ◎ |
| 蔡清田 (2014) | ◎ | ◎ | ◎ | ◎ | ◎ | ◎ | ◎ | ◎ | ◎ |

資料來源：筆者自行彙整。

由上可知：國內外針對國民核心素養內涵等相關研究不謀而合，包括：

1. 「自主行動力」-A1 身心素質與自我精進、A2 系統思考與解決問題、A3 規劃執行與創新應變。

2. 「溝通互動力」-B1 符號運用與溝通表達、B2 科技資訊與媒體素養、B3 藝術涵養與美感素養。

3. 「社會參與力」-C1 道德實踐與公民意識、C2 人際關係與團隊合作、C3 多元文化與國際理解。

## （二）十二年國民基本教育課程綱要總綱與指標向度關聯性

2014 年 11 月 28 日行政院所出版之行政院公報 020 卷第 227 期中教育文化篇之《十二年國民基本教育課程綱要總綱》中所提之核心素養，此課程總綱將國民核心素養依學生個體身心發展狀況，分成三個教育階段，分別為：國民小學教育階段、國民中學教育階段、高級中等學校教育階段，期培養學生在「自主行動」、「溝通互動」與「社會參與」等三大面向上循序漸進，成為均衡發展的現代國民。

十二年國民基本教育對應之國民核心素養及其內涵如表 2 所示。

**表 2　十二年國民基本教育國民核心素養內涵**

| 關鍵要素 | 核心素養三維面向 | 核心素養九個主軸 | 核心素養具體內涵 | 十二年國民基本教育應具有核心素養 |
|---|---|---|---|---|
| 終身學習者 | A 自主行動力 | A1 身心素質與自我精進 | 具備身心健全發展的素質，擁有合宜的人性觀與自我觀，同時透過選擇、分析與運用新知，有效規劃生涯發展，探尋生命意義，並不斷自我精進，追求至善。 | J-A1 具備良好的身心發展知能與態度，並展現自我潛能、探索人性、自我價值與生命意義、積極實踐。 |

| 關鍵要素 | 核心素養三維面向 | 核心素養九個主軸 | 核心素養具體內涵 | 十二年國民基本教育應具有核心素養 |
|---|---|---|---|---|
| 終身學習者 | A 自主行動力 | A2 系統思考與解決問題 | 具備問題理解、思辨分析、推理批判的系統思考與後設思考素養，並能行動與反思，以有效處理及解決生活、生命問題。 | J-A2 具備理解情境全貌，並做獨立思考與分析的知能，運用適當的策略處理解決生活及生命議題。 |
| | | A3 規劃執行與創新應變 | 具備規劃及執行計畫的能力，並試探與發展多元專業知能、充實生活經驗，發揮創新精神，以因應社會變遷、增進個人的彈性適應力。 | J-A3 具備善用資源以擬定計畫，有效執行，並發揮主動學習與創新求變的素養。 |
| | B 溝通互動力 | B1 符號運用與溝通表達 | 具備理解及使用語言、文字、數理、肢體及藝術等各種符號進行表達、溝通及互動，並能瞭解與同理他人，應用在日常生活及工作上。 | J-B1 具備運用各類符號表情達意的素養，能以同理心與人溝通互動，並理解數理、美學等基本概念，應用於日常生活中。 |
| | | B2 科技資訊與媒體素養 | 具備善用科技、資訊與各類媒體之能力，培養相關倫理及媒體識讀的素養，俾能分析、思辨、批判人與科技、資訊及媒體之關係。 | J-B2 具備善用科技、資訊與媒體以增進學習的素養，並察覺、思辨人與科技、資訊、媒體的互動關係。 |
| | | B3 藝術涵養與美感素養 | 具備藝術感知、創作與鑑賞能力，體會藝術文化之美，透過生活美學的省思，豐富美感體驗，培養對美善的人事物，進行賞析、建構與分享的態度與能力。 | J-B3 具備藝術展演的一般知能及表現，欣賞各種藝術的風格和價值，並瞭解美感的特質、認知與表現方式，增進生活的豐富性與美感體驗。 |

| 關鍵要素 | 核心素養三維面向 | 核心素養九個主軸 | 核心素養具體內涵 | 十二年國民基本教育應具有核心素養 |
|---|---|---|---|---|
| 終身學習者 | C 社會參與力 | C1 道德實踐與公民意識 | 具備道德實踐的素養，從個人小我到社會公民，循序漸進，養成社會責任感及公民意識，主動關注公共議題並積極參與社會活動，關懷自然生態與人類永續發展，而展現知善、樂善與行善的品德。 | J-C1 培養道德思辨與實踐能力，具備民主素養、法治觀念與環境意識，並主動參與公益團體活動，關懷生命倫理議題與生態環境。 |
| | | C2 人際關係與團隊合作 | 具備友善的人際情懷及與他人建立良好的互動關係，並發展與人溝通協調、包容異己、社會參與及服務等團隊合作的素養。 | J-C2 具備利他與合群的知能與態度，並培育相互合作及與人和諧互動的素養。 |
| | | C3 多元文化與國際理解 | 具備自我文化認同的信念，並尊重與欣賞多元文化，積極關心全球議題及國際情勢，且能順應時代脈動與社會需要，發展國際理解、多元文化價值觀與世界和平的胸懷。 | J-C3 具備敏察和接納多元文化的涵養，關心本土與國際事務，並尊重與欣賞差異。 |

## （三）十二年國民基本教育核心素養與國民中小學九年一貫課程基本理念之比較

十二年國民基本教育核心素養涵蓋九年一貫課程的課程目標、基本思想、基本能力，同時又在國民中小學九年一貫課程綱要總綱的基礎上，加以升級進化轉型為因應未來生活所需學習獲得的「核心素養」，其內涵遠比九年一貫課程之基本理念、課程目標、基本能力包含更為深廣，亦更加完整，以兼重「促進個人發展」與「促進社會發展」的雙重功能，如此，不只可提升國民素養及個人競爭力，協助個人獲得「成功的個人生活」，更可建構「功能健全的社會」以「厚植國家競爭力」。

十二年國民基本教育核心素養與國民中小學九年一貫課程基本理念之比較如表 3 所示。

**表 3 十二年國民基本教育核心素養與國民中小學九年一貫課程基本理念之比較**

| 十二年國民基本教育核心素養核心項目 | 九年一貫課程目標基本理念 | | | | |
|---|---|---|---|---|---|
| | 1. 人本情懷 | 2. 統整能力 | 3. 民主素養 | 4. 本土與國際意識 | 5. 終身學習 |
| 身心素質與自我精進 | ◎ | ◎ | | | |
| 系統思考與解決問題 | | | | | ◎ |
| 規劃執行與創新應變 | | ◎ | | | |
| 符號運用與溝通表達 | | | ◎ | | ◎ |
| 科技資訊與媒體素養 | | ◎ | | | ◎ |
| 藝術涵養與美感素養 | | | | | |
| 道德實踐與公民意識 | | | ◎ | | |
| 人際關係與團隊合作 | ◎ | | ◎ | | |
| 多元文化與國際理解 | ◎ | | | ◎ | |

資料來源：筆者自行彙整。

（四）國民核心素養在課程綱要的轉化及其與學習重點的對應關係

　　國民核心素養轉化到各領域綱要的層次，係由理念到實際、由抽象到具體、由共同到分殊，環環相扣，層層轉化，結合各教育階段核心素養，以發展及訂定「領域核心素養指標」及「領域學習重點」，且「領域核心素養指標」與「領域學習重點」之間，需彼此呼應，雙向互動。可透過總綱的「國民核心素養」、「教育階段核心素養」，及「領域課程綱要」來進行教育階段轉化及其學習重點的對應關係，如下圖 1 所示。

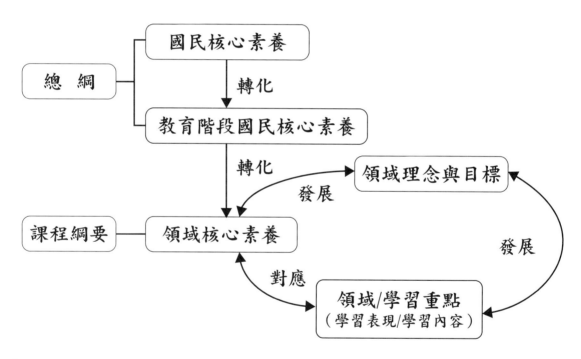

資料來源：筆者自行繪製。

圖 1 國民核心素養在課程綱要的轉化及其學習重點的對應關係。

## 四、結語

　　愛爾蘭詩人葉慈（W. B. Yeats,1865-1939）曾說：「教育不是注滿一桶水，而是點燃一把火。」（Education is not the filling of a pail, but the lighting of a fire.），不斷地提醒著臺灣的教育工作者，教育不只是一直用外在壓力灌輸學生知識，而是該為學生點燃那把主動學習之火。目前臺灣面臨網路化、少子女化、高齡化、教育 M 型化、全球化、本土化、氣候變遷、環境永續與校園生態等多項挑戰，孩子需要更豐富多元的能力，因此教育必須有效因應，才能展現教育功能與效能。十二年國民基本教育的國民核心素養是一場與時俱進的課程改革，亟需大眾予以關注與落實，並搭築好相關配套措施，讓教育改革能夠在穩中求進，以提升國民教育水準，紓緩學生升學壓力、縮短城鄉、貧富差距，增強國家競爭力。

【本文取自王全興（2016）。十二年國民基本教育國民核心素養的內涵。台
　　灣教育雙月刊，700，34-38。】

# 2 全球素養的意涵與推動策略

## 一、前言

素養（competence）此一概念源自於拉丁文 cum（with）和 petere（to aspire），是指伴隨著某件事或某個人的知識、能力與態度（Jager & Tittle, 1980）。儘管 competence 過去在國內或被譯為「能力」，但在英文的脈絡中，「competence」在英文中常與「ability」，「capacity」，「skill」，及「proficiency」等詞互用，雖然它們的意思不盡相同。但 Hyland（1995）強調，「competence」的概念的使用，絕不光是指與行為表現有關的能力。Hodkinson 與 Issitt（1995）也認為，「competence」可以是指特定的、具體的能力，亦可以是指較為一般的、廣義的能力的概念，包含知識、技能、態度、價值觀等較為廣泛的意涵。素養範疇包括多元且多樣，例如：「語文素養」、「人文素養」、「倫理素養」、「科學素養」、「民主素養」、「資訊素養」、「媒體素養」、「美感素養」、「全球素養」、「多元文化素養」、「環境生態素養」、「自主行動」、「溝通互動」、「社會參與」…等。

## 二、全球素養的時代

當前「新經濟時代」與「資訊社會」之科技網路世代的各種生活場域，在因應當前後現代社會複雜生活所需的知識、能力與態度，這就是所謂的「全人素養」或「全方位的素養」。這種素養的意涵，著眼於因應全球化與在地化、學校內與學校外的環境變遷，過去、現在與未來社會所需要的全方位「國民核心素養」。在國民核心素養當中，所謂「全球素養」範疇涵蓋「全球議

題」的知識、能力、態度和價值觀，培養出具有全球視野「自主行動力」、「溝通互動力」及「社會參與力」的「全方位素養」公民，例如：全球化議題、多元文化問題、全球就業力、青少年移動力等層面。由此可知，全球素養（global competence）在當今或未來社會、生活與工作佔有一席之地，特別是國際經濟暨社會組織(OECD)認為，未來公民應具備「全球素養」，2018年PISA國際學生能力評量計畫，除評量閱讀、數學、科學能力之外，增加全球素養評量計畫亦可見其重要性。

## 三、落實全球素養的可行策略

目前的九年一貫課綱及未來的十二年國教課綱當中，有關中小學課程中沒有全球素養相關課程、教學及活動，容易造成學習落差，甚至可能無法因應未來公民所需的基本素養，由此可見「全球素養」議題，其重要性可見一斑。未來或許可以透過下列可行策略來培養學生相關知識、能力與態度：

### （一）融入各大領域及重要議題

「全球素養」知識、能力與態度的提升，首要是藉由融入各大領域及重要議題進行統整式、銜接式教學，由校內教師透過學校課程計畫，共同擬訂年度「全球素養」可融入的教學計畫，提出強化學生學習之策略，例如主題探究學習方案(Theme-based Project)、任務式導向學習活動(Task-based)、閱讀學習課程(Reading)、數位學習(E-learning)等，聚焦課程及教學策略，具體提升學生全球素養學習成效。

### （二）鼓勵戶外教育或文化交流

學校可以運用晨間、課間、課後社團時間、寒暑假期間辦理戶外活動，增加學習機會，例如：全球日、全球主題活動、營隊活動等。同時可以結合大專志工或國際志工，並搭配國際教育及文化交流（例如與英語系國家學校締結姐妹校，透過遠距教學或交流活動提升學生國際文化觀），提供校外學

習環境，或善用英語村及情境教室進行文化情境教學。

## （三）透過資訊科技發展多元學習

　　資訊科技的發達與知識傳播的快速，全球化的時代早已來臨，學生不只是可跨國學習，甚至可以透過網路不需到學校學習，因此未來的發展絕不能只侷限於國內，吸取國外或全球相關學校經驗，與國際策略聯盟的互動，參與國外相關組織，及國際研討會的舉辦，都將使學校的師生更具有全球視野，進而促發學生們多元學習的效果。

## （四）行銷校本特色接納多元文化

　　每所學校皆有得天獨厚，校本特色的優勢，因此不論在教育、文化、人物、歷史、地理、古蹟的資源上皆多采多姿。校本課程或許可以融入全球素養議題，以介紹學校周遭的古蹟、文物與歷史為主軸，與歷史相關的人物，如孔子、陳永華……等，其人、其事蹟亦會編寫入教材，學生在校本課程裡會接觸到最基本的生字，讀到學校的歷史脈絡，進而延伸到對周圍文化、建築的體認欣賞。若是能從瞭解自己學校作為出發，接著接納自己與學校，進而尊重不同多元，文化讓孩子們共好的態度能有所增長。

## （五）透過閱讀學習營造浸潤環境

　　校內老師可以透過閱讀學習，將校外所有知識網羅進來，因為「共讀共學」已是時代新趨勢。老師可以鼓勵學生透過閱讀文本學習，打開孩子們的視野，讓孩子們可以瞭解全球各地歷史，可以閱讀到各國人物故事，甚至知悉與文化相關的議題，例如：美食單字、古蹟名稱、道路名稱，同時營造一個「全球村」或「國際村」浸潤式環境，從點線面進行螺旋式、系統式、整體性的認識與瞭解。

## （六）小小解說走讀共學共有共好

　　學校可開設文化走讀營隊，提供學生實地踏查家鄉文化古蹟的機會，並融入多國歷史、地理、文化、民俗與風情，藉由踏查中了解古蹟文化中外之

歷史、地理與人物背景，並進一步習得以聽說讀寫多元方式向外賓或遊客導覽解說的行動力，進一步將校本與國際教育精神落實於實際行動中，培養學生共學、共有、共好的能力與態度。

## 四、結語

　　全球素養的學習絕不可能憑空而降，或者不經教導就可以習得。教育行政機關、學校、老師或家長應從全球化角度來看政策、課程、教學、文本、活動、評量等多元多樣問題，藉由融入式、統整式、螺旋式、漸進式接觸全球化議題，瞭解處於多元文化情境時，如何蒐集訊息，理解包容，因應衝突等具體知識、能力與態度，這是一種不單僅只是為了 PISA 測驗，而是真的朝向全球化時代所應具備的「全球素養」！

參考文獻：

Hodkinson, P. & Issitt, M. (1995). The challenge of competence for the caring professions: on overview, in Hodkinson, P. & Issitt, M. (Eds.), *The Challenge of Competence – professionalism through vocational education and training*. London: Cassell.

Hyland, T. (1995). Behaviourism and the meaning of competence, in Hodkinson, P. & Issitt, M.(Eds.), *The Challenge of Competence – professionalism through vocational education and training*. London: Cassell.

# 3 創意思考教學的重要性與經營策略

## 一、前言

對於創意思考，看似抽象但具體的來說，它是一種舊觀念的突破，是一件工作獲得更理想的改善方式，也可說是以另一個角度的看法去重新體會所有的事物。換而言之，就是單向的直線式思考方式已無法適應與生存在這個資訊快速變動的年代中，如今帶動時代變遷的是創新與創意力所展現的新思維。所以必須帶領學生走進多面思考的世界，並讓學生能勇於表達出自己的想法，不再認為任何問題只有一個唯一的解答。透過老師、學生、同儕之間多向度的思考激盪，來培養分析問題和解決問題的能力，使學生能擁有更強的觀察能力與正確的思維模式，擺脫以往只是一昧被教導、被灌輸的慣性，只會依循規矩而作，卻遺忘了自我寶貴的創意與創新能力。

學校是提供學習基本知識理論的場所，而除了讓學習者擁有知識與學科的基礎理論外，更應培養其解決問題的能力與獨立創意性的思考。在當今聯考制度大環境未變動底下，常使得學生的想像力與創意力逐漸喪失當中，只會「非對及錯」二維思考模式，也就是只會一步接一步往前推演，以逐步改變來辨別對錯。但是處於知識經濟的時代，首要強調的就是如何掌握新知識、並能適當的運用創意思考的能力來應用所擁有的知識。所以對於現階段教育部正全力推動的九年一貫課程、兒童閱讀運動、及多元入學方案等教改措施，可說是為創新能力培育提供良好環境及措施。

## 二、創意思考教學與九年一貫課程之間的關連性

　　九年一貫課程的重要理念包含：1.學校本位；2.課程統整；3.空白課程；4.能力本位；5.績效責任，其中的「能力本位」尤其強調學生要有『帶得走』的能力。此外九年一貫課程中訂有培育學生應有十大基本能力：1.瞭解自我與發展潛能；2.欣賞、表現與創新；3.生涯規畫與終身學習；4.表達、溝通與分享；5.尊重、關懷與團隊合作；6.文化學習與國際理解；7.規畫、組織與實踐；8.運用科技與資訊；9.主動探索與研究；10.獨立思考與問題解決（教育部，2008）。上述十大基本能力與創意思考教學相關的有：1.了解自我具發展潛能；2.欣賞、表現與創新；7.規畫、組織與實踐；9.主動探索與研究；10.獨立思考與解決問題。所以各校可利用九年一貫課程中的「彈性時間」、「空白課程」來作完整的實施，運用創意思考教學，配合十大基本能力與各領域教學，激發學生創意潛能，以期許未來為人類創造更進步的社會、更美好的人生。

## 三、學校經營創意思考教學可採行的策略

### （一）確立創意思考教學的學校特色

　　1.提供創意思考教育理念，開發師生潛在能力。

　　2.營造創意思考的學習環境，激發創意思考潛能，以建立學校特色。

　　3.配合學校本位課程之實施，發展學校願景。

　　　A.描繪創意兒童圖像

　　　B.發展教育目標、單元目標、行為目標與學校本位課程之關係圖

### （二）發展創意思考教學活動內涵：

　　1.培養富創意思考的學生：加強教師進修，改進教學方式，提供思考的教學環境、學習評量，規劃學習步道，多舉辦學藝活動，培養學生創意力。

2. 創意思考環境的型塑：改變傳統既有模式，注入新的元素或活動，例如「每週一思」、「創意思考作品的發表會」、「創意園地校刊」、「創意運動會」、「創意畢業典禮」、「創新暑假作業」、「創新美術展覽」等。

3. 將創意思考教學融入各領域課程，並結合綜合活動學習領域，形成學校各校本位課程之特色。

4. 提供創意思考教學環境、配合九年一貫課程實施、規劃統整課程，並增設創意思考專科教室，提供師生教學與展覽處所，激發創意潛能。

5. 將校園各項創意成果置於學校網路，並且透過網路科技以達資源分享。

## 四、教師進行創意思考教學可採行的策略

教師可採行的策略如下：（洪蘭，2005；張世慧，2007；陳龍安，2005；教育部，2002；葉玉珠，2006）

### （一）活用腦力激盪法：

所謂腦力激盪是指一群人在很短的時間內產生大量的點子，在過程中應暫緩批判、歡迎自由聯想、從量中取質、鼓勵巧妙的利用並改善他人的構想，進而延伸、結合、改良別人的想法，具有轉化的效果（精進力的運用）。

### （二）善用心智繪圖：

心智繪圖是一種全腦思考的方式，藉由文字、顏色、圖案、代碼、線條、關鍵字的運用，進行放射性的聯想思考，不僅可以加強閱讀、記憶與思考效率，還可使心智繪圖更具個人化、特色性、多元面，最後呈現出一個概覽式的圖像。

### （三）類推法與類比法：

事物發展各有其規律性，但其間又有許多相似之處，透過不同事物的某些相似性類推出其他的相似性，從而預測出它們在其他方面存在類似可能性

的方法。教師可以善用「狂想類推」、「直接類推」、「擬人類推」及「符號類推」、「自身類比」、「象徵類比」、「圖形類比」、「照樣照句」等方式進行實地教學。

## （四）曼陀羅技術：

其理論主要依據「放射性思考法」和「螺旋狀思考法」二種思考技術來進行學習層次提昇的思考策略。所謂「放射性思考法」，即藉由九宮格圖形之助，學生可以由一而八，由八而六十四，激盪出無限創意，培養創意思考的能力。至於「螺旋狀思考法」，大多用在有前因與後果的發展關係上（由格子1發展到格子8的過程），或者是有關做事的方法步驟、事情的發生順序，以順時鐘方向推進思考，在獲得結論前需經過七個步驟。

## （五）六頂思考帽：

此種方式能提供「平行思維」的策略，避免將時間浪費在互相爭執上。強調的是能夠成為什麼，而非本身是什麼，是尋求一條向前發展的思維，而非爭論誰對誰錯。運用六頂思考帽，將會使混亂的思考變得更清晰，使團體中無意義的爭論變成集思廣益的創意，使每個人變得富有創造力。

## （六）奔馳法：

奔馳法在產品改良中常被應用，這種檢核表主要藉幾個字的代號或縮寫，代表七種改進或改變的方向，幫助推敲出新的構想。七種方式包含：1.替代、替換（Substituted, S）；2.結合、組合（Combined, C）；3.改變（Adapt, A）；4.修正、修改（Modify, M）；5.用來做其他用途（Put to other uses, P）；6.消除（Eliminate, E）；7.重新安排（Rearrange, R）。

# 五、結語

學校除了在正式課程、非正式課程、空白課程中積極推廣創意思考教學活動外，也應重視潛在課程的深層影響（境教重要性），當然學校亦應結合

家庭與社區，讓學童從社區，家庭和學校的資源中發現特殊的興趣和智能，以型塑學校的創意文化；同時讓行政人員、教師、學生、家長與社區人士樂於創意，勇於創新，使生活創意化，創意生活化。並且延聘創意專家或學者蒞校演講，讓師生均能耳濡目染、欣賞和體驗創意之歷程，讓學生引為學習楷模，以及讓行政人員、教師與家長瞭解身為一位創意人應有之工作態度與精神。

【本文取自王全興、郭添財（2011）。創意思考教學的重要性與經營策略。台灣教育雙月刊，669，39-40。】

參考文獻：

洪　蘭（2005）。閱讀，讓你的腦有創造力。**科學人，45**，42-45。

張世慧（2007）。**創造力理論、技法與教學**。臺北市：五南出版社。

教育部（2002）。**創造力教育政策白皮書**。台北：教育部。

教育部（2008）。**九年一貫課程綱要**。台北：教育部。

陳龍安（2005）。創造思考的策略與技法。**教育資料集刊，30**，201-266。

葉玉珠（2006）。**創造力教學—過去、現在與未來**。台北：心理出版社。

# 4 當前台灣教科書政策與未來趨勢分析

## 一、前言

我國於1994年成立「行政院教育改革審議委員會」為教改開啟了第一步。於1996年發表「教育改革總諮議報告書」，並進一步揭櫫教改之理念、目標、方向，開始對教育改革鬆綁。此後，教育政策漸漸符合社會之民主化、多元化，父母及社區參與因此漸漸萌芽。1997年公佈之後實施的教育基本精神，更將整體教育體制推向更多元化的境界，隨之，家長對於教育的選擇更加自由民主，整體教育市場也轉為自由競爭之趨勢（王全興，2009；黃政傑，2005；蔡清田，2003）。過去幾年，我國教科書政策經歷多項重大變革，以往，教科書編輯皆由國立編譯館統一編製，然隨著時代潮流演進、課程標準的修訂、教改運動推行，以及課程綱要的訂定，教科書編寫逐漸轉向開放的路線，民間出版業者業已加入教科書編寫的行列當中。

1999年的《國民教育法》第八條之二規定：「國民小學與國民中學之教科圖書，由教育部審定，必要時得編定之」。2000年6月教育部訂定發佈《國民小學及國民中學教科圖書審定辦法》，規定九年一貫課程教科書全面開放由民間出版業者編輯，並將審定事宜委由國立編譯館辦理（國立編譯館通訊，2001），2000年9月公布《國民中小學九年一貫課程暫行綱要》，九十學年度九年一貫課程在國小一年級開始實施，九十一學年起國民中學教科書全面開放審定，這種演變讓教科書進入一綱多本的多元發展時代（張芳全，2007）。其中，歐用生（2006）認為，教科書不僅是文化產物，也是經濟商品，具有真實利益的真實人們所構思、設計、發展出來的，在市場、資源和權力

等政治、經濟的限制下出版，必須在市場中銷售，有利潤、有競爭；短視和高利潤是教科書出版商的主要目的。

中小學教科書開放由民間業者自行編輯，在通過國家審定後，由學校自由選用版本的政策已實施多年，多版本的原初理想之一，乃是期望透過市場良性的競爭機制，進而促使教科書的多元化與品質提升。所謂教科書的多元化，實則包含形式與內容兩方面，除了在形式上，各版本教科書在圖文編排形式、印刷裝訂方式上或能依其對教科書使用者的考慮而有所變化；另外，內容品質也因各版本編者不同的課程與教學理念，以及教材詮釋的觀點，而能有不同的教材選擇與組織。然而，教科書審定制度實施多年，教科書是否朝多元化的理想前進？或者因其他因素而趨同化？各領域又因各自性質而呈現哪些差異情況？實為值得探究之課題；此外，各版本的教科書在樹立品牌之同時，教科書的內容品質是否正向的改變與發展？這些改變是否讓人滿意？均為各界所關注。基於對上述議題的關注，本文乃針對教科書的現況分析與未來發展趨勢進行探究，藉由不同角度的觀照，來解析審定制教科書政策的現況與發展，並共同促進教科書政策良性且長遠的發展。

## 二、九年一貫教科書政策現況分析

晚近教科書又有狹義與廣義的區分，前者是專門為學校教學活動所需要而出版的書籍，多以學科、學期或學年為編輯的單位，並以書籍紙張的方式呈現，廣義的定義還包含有教師的教學手冊、學生習作、參考書或教學媒體等多形式的材料（曾火城，1996）。綜覽各學者論述，不難發現隨時代轉變，教科書的樣式與範圍逐漸擴增，但含涉範圍大都依課程標準或綱要編輯，由課本至習作、教學指引及各樣教學媒體與教材，依照學科（領域）需求將教學的內容有系統的組織與安排的書籍。教科書制度是一種連續發展的過程，編輯、審查、選用、供給、使用、修定與評鑑皆包含於內（張祝芬，1994；黃政傑，1997），本文將從上述層面予以分析教科書的現況。

## （一）教科書選用層級現況

　　目前台灣的國民中小學教科書選用層級規定，大多以學校為選用單位，然而也可採取聯合選用教科書方式，故各縣市可以視學校大小以及師資等現實條件，採校際聯合或分鄉鎮或分區辦理；就實際執行情況而言，目前選用教科書層級包含了縣市層級、校際合作層級與學校層級（黃志成，1997）。如果教科書選用層級提高有以下優點：（1）選用程序較嚴謹，教科書品質比較容易維持；（2）教科書採購量大，教科書價格可以量制價，價格較低；（3）層級提升可以使人力與時間成本降低；（4）利於學生轉學時課業銜接與不同學校教師教學的切磋。然而，層級提高相對也有一些缺點（張祝芬，1995），例如：教科書的多元性受限較高、教師專業自主的知能受到壓縮，學校本位課程發展配套較少彈性、以及層級越高容易造成意識形態傳輸等缺點。

　　但在國民中學教科書全面開放後不久，恢復統編本的聲音未曾停歇。立法院於 2002 年 10 月即出現「要求國立編譯館立即恢復編中小學教科書業務」之提議，同年 12 月甚至通過提案，要求教育部恢復使用國編本教科書，停止民間業者的編書業務，對教育部進行施壓（張馨方，2004：91）。對於一綱多本的撻伐，主因是除了增加考試準備的負擔，排擠其他藝能的學習外，由於多本教科書，各版本單元編輯有些差異，對轉學生易產生銜接困難，且雖名為多版本，但其實統整性不足。多元的亂象使得學生與家長無所適從，補習班激增，學生壓力與家長負擔更甚以往；再加上民進黨政府藉著教科書，強化「去中國化」的教育政策，更刺激了藍綠、統獨的敏感神經，所有改革引起的問題全部都歸罪於教科書政策，激起「一綱多本」批判的論戰（歐用生，2008：8），這些社會、政治、文化與經濟脈絡均使得恢復一綱一本之論述得以形構與運作，連帶影響到現今教科書選用層級。

## （二）教科書審定及選用流程現況

1. 九年一貫課程教科書審定作業流程

依據國民教育法第八條規定有關國民小學及國民中學之教科圖書，由教育部審定，必要時可編定之。故目前委託由國立編譯館協助有關中小學教材送審的各項業務，並制訂《國民中小學教科書圖書審定辦法》，作為審查的依循基礎，亦另增訂《國民小學及國民中學教科圖書申請審定注意事項》、《國民小學及國民中學教科圖書審定委員會組織運作要點》、《國民中小學教科書圖書印製標準規格》成為台灣教科書審定運作的參考指標（高嘉徽，2007）。

(1) 主體

依《國民中小學教科書圖書審定辦法》規定，審定對象乃指根據教育部九年一貫課程綱要為基準所編輯之學生課本與習作。申請審定者為依法登記的圖書出版公司，或教育部委託編輯教科書的之機關、機構、團體、或學校，故個人或學校自編教材的申請無須經此審查（國立編譯館，2006）。

(2) 審查組織

國立編譯館下設中小學教材組負責中小學的教材審查業務。該來組織教材審查委員會，為教科書出版者與審查委員間的溝通管道，並協調召開教科書審定委員會議。根據《教科圖書審定委員之運作要點》之規定，審定委員會應包含教育學者、分科專家、現職教師與教育行政機關代表，聘用上需符合推薦、比例、固定聘任與迴避原則，受聘委員不得兼任中小學教科圖書編輯等相關的責任，而教師比例更不得少於總委員數的三分之一（國立編譯館，2006）。審定會議每月一次為原則，委員應於會議召開前，先各自依據《國民中小學教科用圖書審定辦法》、課程綱要等規定做審閱書稿，提出書面意見並出席審定委員會議以合議制方式做出審查決議。為求審查

過程的連續性，前後階段間相同委員的比例亦不低於該階段四分之一為主（教育部，2009）。

(3) 程序

台灣教科書審定過程，須出版商完成書稿，於規定的時間送往申請審查，進行初審、複審兩種過程。其細微相關規定如下：

① 送審方式：申請者應依課程綱要所定的領域與階段，按冊循序填寫表單申請審定。申請者得依課程綱要之學習領域所定的不同階段，分別或同時申請教科書審定，但同一階段的教科書應自該階段第一冊起，按冊循序漸進申請。上學期用書於每年八月至十月底前提出申請；下學期於每年二月至四月底提出申請或與前一階段一同提起。複審依申請者需在收到審查意見表後的四十五日內，將修正的書稿再送審定機關辦理，以三次為限。

② 檢附資料：依據《國民中小學教科圖書審定辦法》第五條所定，申請審定需繳交文件包含一至九年的課程大綱十二份至二十份、申請審定教科圖書書稿所需階段的教材細目表、教科圖書與教師手冊書稿，若為英文科目，還需繳交隨書的有聲媒體教材腳本與試聽帶、公司登記證明文件。

③ 費用：《國民小學及國民中學教科圖書審定費收費標準》所規定，申請審定國民小學及國民中學教科圖書，或於教科圖書審定執照有效期間申請修訂教科圖書者，應繳清審定費：每套新臺幣二萬五千元（教育部，2004）。

④ 申復：申請審定之教科圖書遭審查決議重編，申請審定者不服審查結果得提出。「申請者得於收受審查決議通知書之日起，三十日內以書面向審查單位提出申復；審查單位應於受理之日起三十日內通知申復結果」，倘若申復結果仍判定為駁回申復理由，申請者應依照決定重編教科書，若申復結果產生異動，則依照複審

程序重新辦理（國立編譯館，2006）。

⑤ 陳述意見：編審雙方對審查結果與過程有所爭執時，審定單位得於決議前，通知申請單位陳述意見，相對的，申請審定者亦得以提出陳述意見之需求，唯一冊僅有一次機會（國立編譯館，2006）。

(4) 審查規準

九年一貫課程綱要鬆綁，各領域僅訂定能力指標，對於鉅細靡遺的審查標準將不賦予使用，因此，依據審定辦法第七條規定：「審查委員進行審查時應該以課程綱要為依據」（楊國揚，2006），故審查主要以能力指標、教學活動設計與教學目標的實現程度為準據。

(5) 審查結果

教科書審查的流程與審查時間的規劃則為教科書審定機關（國立編譯館）於受理民間教科書出版商之申請後，需於三個月內將審查的決議通知申請者，第一次初審的審查結果分為通過、修正、重編（重新送審）等類型。

(6) 發照

《國民中小學教科圖書審定辦法》第十一條提及：「經審定通過的書稿，由審定機關檢核無誤後發給審定執照，同一階段之教科圖書應於前一冊審定通過發給執照後，再發予後冊執照」（教育部，2009）。執照自發照日起具有六年期限，申請審定者一旦領取執照後，教科圖書出版之日起六十日內，檢送與樣書相同之成書十套至審定機關備查，封面上應印有「教育部審定」字樣，並將審定執照印於成書封底內（外）或版權頁。

(7) 修訂

教科書除了配合課程綱要重新修訂或作資料更新、內容勘誤者之外，自審定執照發給之日起三年內，禁止申請修訂。目前規定申請

以一學年一次為限，上學期用書應於每年一月至三月申請；下學期用書應於每年七月至九月申請。不過修訂幅度若大於二分之一，則要重新送審。

(8) 出版與計價

有關教科書出版的印製規定以《國民小學及國民中學教科圖書印製標準規格》為基準，對中小學教科書出版過程中，用紙、字體、大小給予一定的規定。至於教材的計價依據國民教育法第八條第三項：「國民小學及國民中學選用之教科圖書，得由教育部或教育部指定之直轄市、縣(市)政府辦理採購；其相關採購方式，由教育部定之。」

目前台灣的國民中小學教科書選用主要由教育部作為審查機構，教育部授權給國立編譯館或委託其他相關機構，並邀集相關專家學者組成審查委員會進行審查。由各縣市教育局訂定教科書選用辦法及其他相關事項，經由各級學校教科書選用委員會或小組負責實際評選工作（曾秀鳳，2002），依照教育部規定，待審查通過後，需提出適用報告，再經審查後才發給六年的使用證照（教育部，2009）。這種審查方式從教科書開放之後，一直延用至今。

以九年一貫課程教科書審定作業為例，其流程如下（藍順德，2006）：1.申請送審－由申請審定單位檢齊表件暨申請審定書向國立編譯館提出申請。2.初稿審查－各科審定委員會以共議方式審查各送審教科書稿，作出審核，經核定相符查決議通知審定者。3.修正稿審查－以修正、再修正與第三次修正三個程序，修正過通過審核則可進行核發執照程序，若第一次修正未過則須再修正；若仍未過，則需進行第三次修正，通過方可進行核發執照；若再未過，則必須進行重編教科書，倘若審查未過而被認為需進行重編，申請人得提出申復。4.核發審定執照－審查通過後，申請審定單位應檢送樣書給國立編譯館，經核定相符發給執照。

上述的審查過程看來似乎完備，卻有不少問題！首先，在編審的人才、

審查過程以及規準、審查的作業程序與審查的委員會組成運作、審定委員會的角色與定位都值得深入定位及分析；此外一綱多本的一綱，如何訂定出合理規範？各種多樣版本如何達成一綱的內涵要求，卻又可以呈現多元特色？

## （三）選用教科書概況

根據現行國民教育法第八條第二項第三款：「國民小學及國民中學之教科圖書，由學校校務會議訂定辦法公開選用之」。選用層級以學校為主。然而，基於尊重地方教育事務之自治理念，各縣市政府教育局居輔導者角色，目前各縣市皆有訂定相關的教科書選用辦法，各校再依據此訂定「選用採購教科書應行注意事項」做為學校辦理的依據（詹正信，2000）。各校教科圖書選用委員會或教科書評選委員會必須以使用者與選擇者為同一人為原則，多數教科書選用參與者多以授課教師、學校行政人員與學年主任為主軸，有些亦有家長或行政人員參與。選用流程上也同樣各具特色，縣市政府在輔導中，多要求選用要事先公布選用程序及時間表，再由科任課教師蒐集數種版本教科用書及有關資料詳加考量及填寫評審表，將評審表及有關資料薦送教科用書選用委員會，最後由選用委員會蒐集有關人員所薦送教科用書評審表及有關資料，擇期召開會議共同研商決定版本。至於教科書多採取使用者付費，自九十一學年後，轉由教育部委託縣市辦理統一教科書議價作業，各校依據當年度指定計價單位所做出的定價，回報給承辦議價與採購的單位，或以此價格向教科書出版商採購學年度所需的教材。

目前縣市選用教科書的流程，目前各縣市選購教科書情形，包括由縣市統一的評選，縣市國小員生消費聯合社統一採購；由學校評選，鄉鎮統一採購；由學校評選，縣市政府統一採購以及由學校評選採購等四類（黃儒傑，1997）。其流程如下：1.樣書送查、2.書本展示、3.辦理教科書說明會、4.選用版本、5.評選委員會選擇教科書版本、6.上網公告所選定教科書、7.與書商進行簽約、8.教科書發送各使用單位。流程看似公開透明，但是真的符合一綱多本的開放理念嗎？也就是選用現況有不少問題，例如：人情壓力問題、

選用教科書時間過短、政府對教科書經費分配問題、選用教科書規準未能訂定、選用教科書人員組成問題等，皆是問題，此外在審定與選用上，如何確實審定教材是否符合課程綱要，以及學生在各個版本的教材之間如何連貫等問題，仍有待解決。

至於在教材的選擇與組織上，要迴避一些選擇與組織的困難點，宜確實面對問題並設法解決問題。例如語文領域的選文呈現的不應只是文章的形式與內涵，更隱含了教科書作者團隊對知識的評價，何種知識才會選入教科書？何者才被視為優質的知識？這些議題，提供了後設批判絕佳的素材。社會領域更面臨，如何迴避統獨、族群、性別、階級、文化等意識型態的困難。即使是數學領域，各版本也在教材中心、教師中心、學生中心、建構取向、強調解題、重視計算間擺盪與抉擇，與統編本時期，定於一尊的狀況大異其趣。強調科學精神的自然領域，也會有探索與結論孰先、歸納與演繹孰優的權衡，現有版本亦各擅勝場（余霖，2009）。

## 三、台灣教科書未來的趨勢

針對上述目前台灣教科書現況的編輯、審查、選用、供給、使用、修定與評鑑所出現的紛爭與困境，將來為了改進這些缺失，推論並且闡述教科書未來可能的趨勢如下：

### (一) 課程元素之間的邏輯關係必須連接明確

九年一貫課程綱要強調課程的生活化、彈性化和因地制宜，賦予教師課程設計的權力，得以針對學區兒童特質來設計符合學校本位的課程，然而卻由於教師自編教材欠缺對於課程綱要的正確理解，課程教材架構亦受限於地方教育主管機關的強制規定缺少整體結構化和系統化的考量，況且能力指標太過繁雜，教師工作量過於沉重、協同創新教學不足，加以評量方式停留在紙筆測驗階段等等的問題，使得課程教材元素之間連結出現不連貫、缺口斷裂的現象，產生「課程的落差」（curriculum gap）。

　　未來的教科書更須釐清課程元素，包括概念、通則、技能、價值（黃政傑，1991；Tyler, 1949）與課程教材架構之間的邏輯關係，並且將課程綱要、教材架構、能力指標、教學內容和評量之間連結成明確有系統的邏輯關係（歐用生，2004）。換言之，無論是教師自編教材或是教科書出版商都必須了解九年一貫課程改革的重要理念，理解慎思課程綱要的意涵，才能將之明確落實轉換成教材架構，配合能力指標發展出適合各年級學習的教學內容，儘可能減少課程理念到教學實際轉化過程中的落差。另一方面也必須應用多元活潑的評量方式改進課程實施的成效，使得課程綱要－教材架構－能力指標－教學內容－評量之間有緊密連貫的邏輯關係。透過教科書課程元素之間的連貫，適足以填補課程理念和課程現象的缺口與橋接其間的落差，進一步促成課程改革的永續發展與進步（蔡清田，2008）。

## （二）教科書兼顧知識組織與心理組織

　　近幾年針對國小教師九年一貫課程實施的研究指出，審定版教科書內容忽略課程組織的繼續性、程序性、統整性和銜接性，課程內容重複問題多，縱向課程銜接不良，橫向課程領域亦劃分不清（王嘉陵，2006）。教材內容過分強調課程統整變成為了統整而統整，甚至出現統整課程分科教學的現象，課程單元設計偏向採用都會區和中北部孩子的生活經驗和先備知識（劉祐彰，2010）。

　　為了有效改善現行審定版教科書的缺失，教科書未來的發展應兼顧知識組織與心理組織，在知識組織方面重視課程教材內容的繼續性、順序性、統整性和銜接性（王文科，1989；李子建與黃顯華，1996；黃光雄與蔡清田，2009；黃政傑，1991；Taba, 1962；Tyler, 1949），採用螺旋課程（spiral curriculum）創新發展的理念。除此之外，為了能夠更有效實施統整課程，各學習領域教科書編輯委員和審定委員彼此之間必須藉由座談深入溝通意見，分享各學習領域教科書的編審重點以及對於課程綱要和課程改革精神、方向、重點的理解，重視教科書課程組織加強課程內容縱向銜接和學習領域的橫向

統整，才能更進一步研究改良教科書的編審品質。另一方面同時考慮適合學生的心理認知結構，合乎課程組織的繼續性與順序性，以及教學方法的有效配合，才能有助於促進學生的閱讀理解和記憶，幫助學生的學習遷移並且改進教材內容。

## (三) 以教科書發展取代教科書編輯

教科書文本應該是發展出來的，亦即是以傳統由教師為主教學的設計，改變為以學生為主學習的設計。教科書發展的重要性是幫助每個學生澄清自己應該優先做哪些事情，協助學生將日常生活關心的事務轉變為可以解決的問題。其主要的目的在於考慮這些問題最後將獲致的產品、答案及其達成策略，提供學生解決問題不可或缺之工具或方法論上的協助（歐用生，2004）。然而，目前審定版的教科書內容絕大多數是編輯出來的，而教科書內容編輯的結果，已經造成編輯者舊式中國化學習經驗的再製而缺乏真實臺灣本土化、在地化體驗的歷程，此外，兒童的生活經驗也很難再融入與涉入教科書的內容當中，更遑論能夠學習吸收，甚至內化教科書文本內容的知識概念。再者，教科書的政策開放之後版本與教材都轉趨活潑多元，不易受到意識型態的宰制，但是也由於政府的資金退出市場，加以教科書的議價制度，造成教科書微利化，大部分的書商不願意投入實驗研發的經費，使得教科書單元淪為編輯的成果（林文生，2009）。由此可知，教科書編輯者的學科知識理念、教育哲學、意識形態已經密切地影響教科書內容的決定。

基於上述教科書內容編輯的缺失，政府在教科書研發實有其責任，未來的教科書趨勢建議教育部參考先進國家的作法，提供優良教學教案範例給教科書出版商以及教師參考，這些優質的教科書教學範例最好能夠採用以前板橋課程發展模式研究發展與實驗的歷程。而且，教科書研發設計之後必須具備廣泛的研究基礎和廣泛的實地試驗，透過試教實驗的歷程，並且根據教師試教的經驗心得和學生的學習反應檢討改進之後，再加以回饋修訂教科書的內容。上述的作法有利於將理念課程和正式課程的素材順利轉化成知覺課

程與運作課程的實踐性活動，並且傳遞創新的教學方法以及課程典範，重新建立優質教科書的發展機制。目的在發展出一套系統化且結構嚴謹，有利於教師教學以及適合學生體驗探索的模式，強調教科書內容能夠符應每一位學生的需求，使得學生能有均等的學習機會（National Council of Teachers of Mathematics, 2000; Tornroos, 2004），並且落實在真實的生活情境，達成真正的課程目標。

　　另一個可行的途徑是政府教育相關部門與學術界和民間出版業者合作針對課程改革的趨勢、課程與教學的基本原理原則、國內外教科書發展的模式和未來趨勢、教科書內涵要素以及優良教科書的特質，進行教科書發展的長期研究，進一步詳細討論並且明確規劃研發各學習領域教科書單元內容的教材教法以及預定達成的學習目標，藉由加強審查教科書內容的知識理念、教育哲學，過濾篩檢隱含其中的主觀意識形態，以減少錯誤、降低爭議。政府也可嘗試與學界和業界合作成立財團法人教科書研發基金會，各出版社依教科書銷售數量提撥一定比例之經費做為基金，除了借重所屬研究人員外，還應結合各大學相關系所和中心的研究人力，以求資源之最有效利用（黃政傑，2002）。

## （四）部編本與民編本並行發展

　　由於以往由隸屬中央政府的國立編譯館統編出版的教科書，容易淪為主政當權者所運用意識形態傳輸工具的弊病（陳伯璋，1999；黃光雄，1996；歐用生，2002）。1987 年政治解嚴後，統編本教科書品質更是受到學者專家和民間教改團體嚴厲批判，教育部於是在 1996 年起逐年且全面開放國小教科書為審定制，2002 年起逐年開放國中教科書為民編本審定制，至此，政府開放民間出版業者參與國中小教科書編輯出版，以因應台灣民主社會未來發展的趨勢，並且施行教科書一綱多本的課程改革政策，希望打破一元化思想和國家意識形態的箝制，透過自由競爭的市場機制，提升教科書編撰的品質和後續研究發展的水準。

　　然而，為了避免意識形態潛在課程傳遞的一綱多本政策，仍難跳脫傳統升學考試主義的禁錮，加以教師、學生和家長長期以來受到教科書文本權威的宰制，國中生為了甄試上好的高中，除了學校課堂上用的教科書之外，教師勸說學生購買其他好幾個版本的教科書來讀才安心，加以民編本教科書價格偏高，無形之中增加了家長的經濟負擔，製造階級問題，而且因為教科書的版本混亂使得學生要唸的書不減反增，課業壓力更加沉重。除此之外，民編本教科書尚有審查效果不彰，內容疏漏，課程銜接不易以及學校採購弊端頻傳等等的弊病。

　　針對以上的缺失和不想倒退走回頭路的顧慮，2005 年教育部開始改採部編本與民編本並行發展，這是依循一綱多本的精神，採用先進國家教科書的審定制和自由制，重新讓國立編譯館參與部編本教科書的編輯，在未來是可能而且必要的。因為透過制度化的公平競爭，適足以激勵國立編譯館以及民間教科書業者更加慎重考量學生學習的權益，研發改良更豐富優質、更具本土特色的教學單元以及教材內容。況且，國立編譯館與國家教育研究院整併之後，除了原有編輯的優勢資源，更可善加運用國家教育研究院的研究發展功能，創新研發出更具有競爭力的教科書，藉以提供教師更多元專業選擇的權利和機會，順應台灣社會多元文化創新價值的需求，合乎教育民主化、自由化的精神。

## （五）教科書借閱循環制度

　　德國由於採行聯邦制度，教育及文化事務屬於各邦所管轄，其中「萊茵蘭-法茨」(Rheinland-Pfalz) 邦為了減輕家長購買教科書的經濟負擔，特別引進新的教科書借閱制度。一般家庭也可自由參加此制度，繳交參加費用後，日後預估至多可節省三分之二的書籍費（教育部，2010）。

　　中國大陸已有數個省份開始實施教科書循環使用的制度，這些循環使用的教科書主要來源是政府免費提供、學校低價回收、畢業生捐贈等三種管道，並且交由學校單獨登記、統一編號，學期末統一回收，進行防疫消毒之後提

供下一屆學生繼續使用，使用效果良好。香港更是由於教科書的價格昂貴，使用循環的教科書成為許多學生的選擇，除了校內學生之間進行二手課本的交換外，香港還出現了專門進行舊課本交易的專業公司，並形成了一定的規模。綜上所述，教科書循環使用的制度不僅為政府省下一大筆補助學校購買書籍的經費，而且培養學生愛惜資源、保護環境的意識，有利於改善生態環境。

爰此，臺灣教科書未來另一個可能的發展方向是借閱循環制度，初期可能從藝術與人文、健康與體育、綜合活動、生活等學習領域的教科書開始試行。可能產生的影響是壓縮教科書的利潤，使得民間出版業者的營收降低，資金運用也會受到影響。而其影響程度也將視教科書借閱循環的數量和方式，亦即是借閱循環制的實施狀況而定。綜此，現行教科書借閱循環制度的執行成效如何，以及未來是否要發展進到升學考試科目的借用，抑或是十二年國教實施之後教科書借用制度的規劃實施等等，都是需要進一步分析檢討的。

## (六) 教科書客製化

根據藍順德（2006）的研究指出，教科書雖然具有許多優點以及多項重要功能，亦為教育人士所重視，但是受限於主要固定文本的形式呈現，實際運用上仍有先天條件的十大限制。

教科書客製化是指教科書使用者可以依據實際教育、課程需求，自行選擇、增刪通過審核的既有教科書內容，而不至受限於死板且制式的教科書內容或價格 (EC 研究報告，2003)。美國已經有許多家書籍出版商陸續投入教科書客製化的事業，以美國最大的教科書出版商 McGraw-Hill 為例，該出版商已經把許多教科書的內容上線，讓教師可以直接於線上資料庫，選取所需要或者是想要的章節內容或補充資料等，再依該出版商的計費機制計價 (已包含合法版權的費用)，完成一本客製化教科書（藍國銘，2007）。除此之外，教師也可以自行設計教材，他們只要負責把所需要付印的教材，提供電子檔或 PDF 檔案給書籍出版商，就可以付印成教科書。

　　臺灣教科書亦可以參考美國教科書的經驗，在一綱多本的原則下，根據依需印刷 (POD, Print on Demand) 的概念實施「教科書客製化」，擷取並且融合各版本教科書的優點，教師可以只選擇列印付費實際教學上所需要的版本單元，不需要的就不必列印。這樣不僅可以解決一綱多本所產生的問題，更可將各版本教科書的優點和精華集結成冊，提供教師設計教科書教材更多元、更優質的選擇。然而，教科書客製化之後可能遭遇到的問題，諸如：師生使用教科書的習慣、教科書的整體結構性、教具的配套措施等等⋯，都跟現行制度有著相當程度上的差異，值得教育相關單位更進一步思考因應的方法和對策。

## ( 七 ) E 化教科書

　　長久以來，臺灣中小學生普遍面臨教科書課本和課外參考書過多過重等問題，導致書包重量過重，嚴重影響青少年的成長發育，因此在可以見到的未來，推行 E 化教科書是減輕學生書包負擔的可行途徑之一。另一方面也由於科技進步日新月異，E 化和 3D 資訊媒體應用在教學，已經突破平面教學媒體的限制，透過類化連結或是聚斂歸納等方式的應用，更能滿足學習者適應個別差異的需要，提供學習者更明確的分析和理解，這使得紙本的教科書面臨重大的挑戰，電子白板、電子課本、電子書包、網路學習、線上測驗、電子教學資源庫以及電子教材資料庫成為未來教科書發展的重要方向。

　　教育部在 2009 年積極推動 5 所學校的電子書包試辦計畫，電子書包可以依照老師上課需求運用於輔助教學，像在國語、英語、數學、社會和自然與生活科技等學習領域的運用就極為普遍。而且，只要透過網路連線到學校設計好的教學平臺，還可下載超過 1,000 種各學習領域的輔助教學軟體，如互動式繪本、教學影片等，甚至是目前最流行的臉書（facebook）也能成為 E 化教科書教材內容的一部分。除此之外，學生也可以透過「線上讀書會」即時在網路上分享讀書心得，這類運用網路與科技的創新 E 化教科書，應用於教師的教學，預估可以提高學生的學習興趣和學習成效。

電子教科書近年在歐洲與美國有突破性的進展，英國、愛爾蘭等在這方面發展頗為快速；至於美國，現今許多大學正在實驗電子教科書；亞洲國家的 E 化教科書以日本與香港的發展應用最具成效；中國大陸正急起直追中，這些地區的教科書出版業花費相當多的人才、時間和經費努力將不同互動功能、多媒體、教學資源與教科書內容整合，讓教師可利用電子化行動載具進行師生互動的教與學，此一創新的應用方式，不僅協助教師整合所有的學習資源，並且提供教師自己製作、編排教學內容的功能，更提升了學生的學習成效。但是 E 化教科書也必須考量學生年齡和心智發展而有不同的設計，才能針對不同年齡的學習需求，有效發揮資訊科技的應用與影響。

基於上述，面對 E 化教科書如此重大的變革，可能遭遇到的問題正如康軒文教事業研發部經理何冠慧（2009）所言，現階段 E 化教科書必須發展導學式數位教材的品質認證規範，政府必須協助強化電子教科書產業的補貼及獎勵政策，提升著作權人在數位化網路環境中的保護。再者，累積教師優質的數位教學模式，進行數位教學及學習成效調查，從導學式數位教材的發展奠定自學式數位內容的開發基礎，進一步創新營運模式。除此之外，關於教師專業部分的教育哲學、課程設計、教材教法、學習評鑑、作業指導、親師溝通、檔案管理、補救教學等意願和能力也必須因應 E 化教科書的使用，予以調整修正或是培訓提升。

## （八）教科書評鑑和選擇的專業化

國小教科書自 2006 年全面開放至今產生許多的爭議，其中最主要的因素之一就是各校缺少依據社區環境、學校條件以及學生需求的差異訂定適合自己學校課程發展的教科書評鑑標準。再者，由於各領域在不同的學期極有可能使用不同版本的教科書，造成不同版本領域教科書課程銜接困難，不同學習領域之間的課程統整更難落實，因此教師是否已經具備足夠處理課程銜接和課程統整的專業素養和能力，兼顧考量教科書的顯著課程和潛在課程，能夠評選出適合的教科書，是另外一個值得探討和質疑的問題。

　　基於上述的缺失，各校應該先行自辦或是鼓勵教師參加研擬教科書評鑑標準的研習，讓教師獲得各學習領域課程銜接和課程統整的相關知能，並且瞭解教科書顯著課程和潛在課程對於兒童思考和人格形成的深遠影響（歐用生，1998）。之後再召開課程發展委員會、各學習領域小組會議、學年會議充分且詳細地討論，藉以發展出適合自己學校的教科書評鑑標準，並且與時俱進隨時調整修正。再者，教育部亦可委託客觀公正的學術專業團體和民調組織，定期且深入地進行各版本教科書的評鑑，了解教科書使用者（包括教師和學生）使用後的意見和改進建議，系統化地比較各版本教科書的品質和優缺點，並且在大眾媒體公布評鑑結果，以做為教科書編輯者改進教材內容和教師選用教科書的參考。

## 四、結語

　　Apple（1986）指出，教科書是政治的商品，也是經濟的商品；教科書政策是文化政策，是政治政策，也是經濟政策。而且它是被真實人群的真實利益所安排，是在政治、經濟的限制下，經由市場、資源、權力的介入而出版（Apple, 2000），Apple 的論述著實描繪出教科書政策的複雜性。尤其是教科書開放民間出版業者編輯發行之後，教科書的價格、形式與內容，更是明顯受到市場機制、商業利益的影響，是由具有真實利益關係的真實人們所共同建構、設計和授權（Apple & Christian-Smith, 1991）。教科書出版商是美國唯一全國性的課程發展機構，然而他們卻是缺乏能力和權威來完成這項工作。因為民間教科書出版業者的角色是商業利益的追求者，而利潤至上則是出版業者的發展本質（張盈堃，2009）。Inglis（1985）形容教科書政策猶如是一場知識的鬥爭，其中關於文化權威的爭奪是矯情的、激烈的、永無休止的，適足以形容臺灣各方勢力近幾年來為了操縱教科書政策爭奪合法化知識權力的激烈情形，亦即是爭奪誰有權力決定合法化知識或是正式知識，驗證 Apple（1993: 48）所言「對教科書的衝突是權力關係的代理人之間的鬥爭」。

　　雖然教科書只是學生學習資料的來源之一，它只是教材的一部分並非是教材的全部。然而在臺灣，由於長期以來受制於升學考試制度的壓力之下，無論是師生或是家長都非常依賴教科書甚至是奉教科書為圭臬，將教科書當成唯一的教材，教科書也幾乎等同於課程，在臺灣教科書對於學生的學習成就表現具有決定性的關鍵，因此臺灣教科書的發展和政策趨勢備受關注。臺灣教科書政策從 1981 年以前的國定制部編本，在政治解嚴之後因應政治民主化和教育自由化的潮流趨勢全面開放的審定制民編本，2003 年在各方壓力下又往回修正政策為部編本和民編本並行制。從臺灣教科書政策的演變可以看出其中隱含深層的政治、經濟和文化的關係，以及階級、種族、性別、宗教團體間權力鬥爭的結果（歐用生，2006）。爰此，臺灣教科書政策開放至今仍是處於各方勢力爭奪資源和權益的情形，導致政策搖擺不定，也出現了許多的問題尚待解決，例如：前述教科書現況的編輯、審查、選用、供給、使用、修定與評鑑皆呈現不少的紛爭與困境，值得針對這些議題進行慎思與改進。

　　綜此，為了改善現況，教育主管機關必須針對上述教科書整體發展所產生的問題，檢討修正課程綱要不合宜之處，並且加強教科書編輯、審查、選用等歷程合理有效之運作（監察院，2008）。教科書未來的可能發展和趨勢為重視教科書課程元素之間的邏輯關係必須連接明確，並且兼顧知識組織與學生的心理組織，以教科書發展取代教科書編輯，在一綱多本的原則之下，部編本與民編本兩者並行，推行教科書借閱循環制度，教科書客製化，積極研發 E 化教科書，建立教科書評鑑和選擇的專業化制度等等。

參考文獻：

王文科（1989）。**課程論**。臺北：五南。

王全興（2009）。**九年一貫課程改革理論構念落實之評估研究**。國立中正大學課程研究所博士論文，未出版。

王嘉陵（2006）。**國小場域九年一貫課程實施之探究－批判教育學觀點**。國立高雄師範大學教育研究所博士論文，未出版，高雄市。

余霖（2009）。和平模式－百花齊放的教科書花園。**教科書研究**，**2**(1)，150-154。

李子建與黃顯華（1996）。**課程：範式、取向和設計**。臺北：五南。

何冠慧等（2009）。論壇：電子教科書趨勢與發展。**教科書研究**，**2**(2)，111-140。

林文生等（2009）。論壇：審定制教科書內容多元化及品質議題。**教科書研究**，**2**(1)，107-163。

高嘉徵（2007）。**兩岸國小教科書審定與選用制度之比較研究**。臺北市立教育大學課程與教學研究所碩士論文，未出版。

國立編譯館（2006）。**國民小學及國民中學教科圖書申請審定注意事項**。2016 年 9 月 6 日。取自國立編譯館：http://dic.nict.gov.tw/%7Etextbook/dic/regulation/1_3.htm?PHPSESSID=a27ec143abcdf2587de7c91e0bbd06ec

張芳全（2007）。**一綱多本的問題與對策**。發表於 2007 年 11 月 9 日台北市教師研習中心舉辦的「教科書選用、北北基一綱一本共辦基測論壇」，台北市陽明山台北市教師研習中心。

張祝芬（1994）。**國中教科書選用制度之研究**。國立台灣師範大學教育研究所碩士論文，未出版，台北市。

張馨方（2004）。*Michel Foucault*《知識考古學》及其在教育論述上的應用－**以國中小教科書開放政策為例**。國立臺南大學教育經營與管理研究所碩士論文，未出版，臺南市。

張盈堃（2009）。教科書的政治學：政治、經濟與文化的動態分析。載於卯靜儒主編課程改革研究議題與取徑。臺北：學富。

陳伯璋（1999）。九年一貫新課程綱要修訂的背景及內涵。**教育研究資訊，7**(1)，1-13。

教育部（2004）。**國民小學及國民中學教科圖書審定費收費標準**。2016年9月6日。取自國立編譯館：http://dic.nict.gov.tw/%7Etextbook/dic/regulation/charge.htm?PHPSESSID=36c54bbffc9c7f45a38f413f77706052

教育部（2009）。**國民小學及國民中學教科圖書審定辦法修正條文**。2016年9月6日。取自國立編譯館：http://review.nict.gov.tw/Bulletin/spic/RegulationsforReviewandApproval.pdf

教育部（2010）。省書籍費德國啟用教科書借閱制度。**教育部電子報，412**，2010年6月3日。

曾火城（1996）。**教科書評鑑規準研究－以國中美術科為建構、適用實例**。國立台灣師範大學教育研究所博士論文，未出版，台北市。

曾秀鳳（2002）。國小教科書選用及相關問題研究。**國民教育研究學報，9**，15-45。

黃光雄（1996）。**課程與教學**。臺北：師大書苑。

黃光雄與蔡清田（2009）。**課程發展與設計**。臺北：五南。

黃政傑（1991）。**課程設計**。臺北：東華。

黃政傑（1997）。中小學教科書的審查與選用。**教師天地，88**，22-26。

黃政傑（2002）。重建教科書的概念與實務。**課程與教學季刊，6**(1)，1-12。

黃政傑（2005）。**課程改革新論**。臺北縣：冠學。

監察院（2008）。教科書『一綱一本』及『一綱多本』問題之探討專案調查研究報告。監察院編印。

楊國揚（2006）。台灣地區教科書審定制度評析。載於國立編譯館主辦之「**教科書之回顧與前瞻學術研討會**」會議論文集（67-78），台北市。

詹正信（2000）。台灣教科書選用制度之探究。載於國立台北師範學院與中華民國教材研究發展學會（主辦），**「邁向課程新紀元（三）－教科書往何處去？教科書制度研討會」**資料集（208-224）。臺北縣：中華民國教材研究發展學會。

劉祐彰（2010）。**教師課程實施關注階段與使用層次之研究－以二所國民小學為例**。國立中正大學課程研究所博士論文。

蔡清田、謝慧伶（2003）。小學教科書選用問題之探究。載於中華民國課程與教學學會主編，**教科書之選擇與評鑑**（145-173）。高雄市：復文。

蔡清田（2008）。**課程學**。臺北：五南。

歐用生（1998）。教科書的評鑑標準與應用。載於歐用生、楊慧文主編**新世紀的課程改革－兩岸觀點**。臺北：五南。

歐用生（2002）。披著羊皮的狼？九年一貫課程改革的深度思考。載於中華民國課程與教學學會主編**創世紀教育工程：九年一貫課程再造**。臺北：揚智。

歐用生（2004）。**課程典範再建構**。麗文文化事業。

歐用生（2006）。台灣教科書政策的批判論述分析。**當代教育研究，14**(2)，1-26。

歐用生（2008）。一綱一本教科書事件平議。**教科書研究，1**（1），1-28。

鄭世仁（1992）。揭開教科上的面妙。**國立教育資料館館訊，18**，1-7。

藍順德（2002）。教科書審定制度運作之問題檢討與改進建議。**課程與教學季刊，6**(1)，13-26。

藍順德（2006）。**教科書政策與制度**。台北：五南圖書。

藍國銘（2007）。高級中學教科書客製化之可行性研究。載於**國立編譯館獎助教科書研究博碩士論文發表會**，131-155。

Apple, M. W. (1986).*Teachers and texts.* New York: *Routledge & Kegan Paul.*

Apple, M. W. (1993). *Official Knowledge: Democratic Education in a Conservative*

*Age*. New York: Routledge & Kegan Paul.

Apple, M. W. (2000). *Official Knowledge: Democratic Education in a Conservative Age, 2nd edition*. New York: Routledge.

Apple, M. W. & Christian-Smith, L. K. (1991). The politics of the textbook. In Apple, M. W. & Christian-Smith, L. K. (Ed.), *The politics of the textbook*. New York: Routledge.

EC 研究報告 CommerceNet Taiwan(2003)。「談數位內容於電子商務之應用座談會」分析報告。2003 年 5 月 30 日,取自:http://www.nii.org.tw/CNT/info/Report/200309_1.htm

Inglis, F. (1985). *The management of ignorance: A political theory of the curriculum*. London: Basil Blackwell.

National Council of Teachers of Mathematics. (2000). *The principles and standards for school mathematics*. Reston, VA: National Council of Teachers of Mathematics.

Taba, H. (1962). *Curriculum development: theory and practice*. N.Y.: Harcourt Brace Jovanovich.

Tornroos, J. (2004). *Mathematics textbooks, opportunity to learn and achievement*. ICME-10, Discussion Group 14 Copenhagen, Demark.

Tyler, R. W. (1949). *Basic principles of curriculum and instruction*. Chicago: University of Chicago Press.

Schooling. In D.L. Elliott, & A. *Woodward, Textbooks and Schooling in the United States*. NSSE.

#  5 國小教務主任 進行課程領導的策略與方式

## 一、前言

所謂課程領導,「係指透過溝通協調的功能,協助學校教育系統與個別學校達到課程目標,以確保學生的學習品質」(蔡清田,2005:73)。此一定義強調功能而非角色,學校中的教育行政人員、校長、主任、組長、學年主任、導師等團體領導者,皆有其應該發揮課程領導的功能(蔡清田,2007)。換言之,課程領導乃是由課程與領導兩者結合,即是對於課程進行領導的應有作為(李新鄉,2003;蔡培村、武文瑛,2004)。課程領導是藉由課程專業知識,以確保學生學習品質的行動智慧和能力,落實於課程和教學的核心。

根據國民教育法施行細則第十七條列出各處室的職責,發現國民中小學教務處的主要職責有:各學科課程編排、教學實施、學籍管理、成績考量、教學設備、資訊與網路設備、教具圖書資料供應及教學研究,並與輔導單位配合實施教育輔導等事項(教育部國民教育司,2000)。從上列職責發現,學校教務處的工作職責與課程教學的相關性最高,身為教務處領導者的教務主任,在課程改革中似乎也應該負起課程領導責任。目前我國國民小學教務主任是由學校教師兼任,也就是除了擔負學校行政事務,還要擔任學校教學工作,因此,面對校長時,教務主任是居於下屬地位,面對一般教師時,主任可能與其他教師處於同一層級地位,也可能因為其持有的某些行政職權而被視為高人一等的領導主管(劉鳳英,2000)。所以在學校組織科層體制下,教務主任的角色有些模糊不定與不易拿捏,進而影響其行政措施,特別是在

推動學校本位課程發展過程當中，可能會因為這種角色界定的模糊，而面臨不同因素影響，使其扮演不同於校長的課程領導角色，且採取不同於校長的課程領導策略。

　　針對上述教務主任推動學校相關課程與教學活動時，可能產生的諸多困境，提出了課程領導的方式或策略如下：

## （一）需訂定學校高品質課程的願景

　　如果學校已經訂定出高品質課程的願景，學校的全體教師可以在教務主任的領導之下，由教師組成小組逐步釐清下列這些問題 (Glatthorn, 2000)：

1. 可以讓我們學校的課程具有獨特性，可以由哪些特徵所構成？

2. 每個小組都要試著指出，能夠代表學校課程特色的三個形容詞。

3. 校長或主任歸納出每個小組所得到的結果，確認出最常被各個小組所提及的六個因素。

4. 成員從六個因素中，確認出三個以內他（她）所認為學校願景所必要的項目。

5. 校長、主任與教師所組成的委員會一起開會，運用上述討論的結果，起草出暫時性版本的學校願景。

6. 全體教師一起檢視這些草案。

　　如果學校還沒有訂定出自己的願景，則學校可以採用下列較為複雜的程序，例如：

1. 召集參與者並且將參與者組織成六個人一組的團隊。參與者可以包括：家長、學生，以及學校教育人員。

2. 向參與者解釋願景訂定過程的重要性，並且特別強調未來將會使用願景來型塑和評鑑課程的成果。

3. 透過檢視各項有關的要素，形成參與者所需要的知識基礎。所檢視的要素包括：變遷的社會、學區的特性、學生群體的特質，以及有關課程、教學，及學習等方面的研究。

4. 向參與者各自說明他們需要各自完成的這個句子：「我夢想中的課程是……」。在沒有小組討論的情況之下，每位參與者都必須寫出十個能夠掌握個人願景精髓的形容詞，以便完成這個句子。此處只列舉出部分的例子：統整的、有意義的、全球觀的、科技的、目標導向的。

5. 接著，每位參與者寫出一、二句話，再加以擴展其形容詞。例如：有意義的－課程應該讓學生能夠從學習的內容中，發現意義與目的；課程應該和學習者的生活相連結。

6. 然後，每個小組的成員以輪流的方式，和小組內的成員分享他們的形容詞與句子，小組的領導者只需在黑板上，一一列出形容詞即可。

7. 接著，小組成員分別針對有疑問的地方提出問題。小組成員再次讀出其所擴展的句子，並針對不清楚的想法加以解釋，以澄清形容詞的意義。

8. 每位小組成員各自利用三分鐘說明其中一個形容詞。在說明完畢之後，就黑本上所列出的形容詞，每位成員最多可以投 15 票，選出個人認為重要的項目。

9. 小組進一步討論所有條列出的項目，以確定獲得最多票數的各項形容詞，的確是選出他們最支持的項目。

10. 在全體參與者的團體大會上（校務會議），每個小組分別呈現出各自的結果，而這個會議的主席則協助大家確認出共通的項目，並且找出大家的共識。

此處所介紹的程序是作者以自己的方式，運用提名小組程序，這個程序試圖掌握個人思考及團體思考的優點。透過這個方式所得到的願景，應該被視為是對值得追求之特質的暫時性初步構想。因此，它應該要接受由課程發展委員會在內全體成員的檢視，以確保願景依舊能夠持續反映出他們的理念。如 Fullan (1991)

所指出，願景的建構是一個交互作用、持續進行的過程，並不是一次的

事件而已。

## （二）訂定出學校的課程目的

在訂定學校的課程時，有兩項與目的有關的任務是相當重要的：（1）確認出教育目的；（2）將目的與學習方案及學科作連結 (Glatthorn, 2000)。

1. 確認教育目的

教務主任可以引導教師運用歸納或演繹的程序來訂定目的，不論使用歸納或演繹的程序，領導者應該要核對教育部的課程綱要，以作為學校教育目的的來源。通常一組學科的標準可以得出一條教育目的。接著，將這些個別的目的加以合併，然後由全體教師檢視他們的整體性。

(1) 歸納的程序：根據的是常識性的瞭解，亦即，這些方案目前是存在的、它們也將會繼續存在，以及他們所隱含的目的只需要加以明確化即可。但是，它的主要限制在於：① 它只在幫助維持現狀而已；② 它也可能會冒著以下的風險，即忽略了超越傳統學科的課程目的。例如：「習得學習技能」。

(2) 運用演繹的程序：在使用演繹的程序時，全體教師將舊有的記錄完全拋棄，進而採取一個全新的觀點，看看他們嘗試要達成的事項。在大多數的情況之下，他們會邀請家長、年紀較大的學生，以及其它的公民和他們一起參與這個程序。

2. 將目的與方案及學科作連結

如果學校採用了演繹的程序，則教育目的需要與學校的教育學習方案作連結；接著，課程目的需要分配到個別的學科之內。在一組廣泛的教育目的訂定出來之後，由校長所領導的課程發展委員會，首先便需要將教育目的配置到學校所提供的各個學習方案之內。這些結果要在由全體教師所召開的會議中加以討論，以便確保每一項目的至少都能在一個科目內加以強調，以及能得到其他科目的強化。在整個訂

定課程目的之程序進行中，教務主任應該強調其重要性。它不單單只是一項咬文嚼字的修辭學練習活動而已；它會導致有意義的目的，進而可以用來訂定、評鑑，以及改善整個的教育方案。

## (三) 教務主任推動課程領導的策略或方法

推動策略或方法可行之道如下：

1. 溝通親師正確觀念，塑造與闡述願景

   (1) 溝通親師生觀念：改變教師的態度，化被動為主動。

   (2) 實施生態調查：SWOTA 資料分析教師專長、社區特性、學生興趣、現有資源設施等。

   (3) 共同樹立願景：由下而上有效凝聚共識，擘畫學校本位課程美圖。

2. 主任以身作則，引導成員參與課程發展

   (1) 主任以身作則：自我充實，建立個人課程中心理念，帶領教師從事教學設計與教學活動。

   (2) 引導成員參與：引導所有成員，包含校長、主任、教職員、學生、家長共同參與，必要時還需聘請課程專家、學科專家提供諮詢服務。

3. 成立課程發展小組，共同合作落實學校課程

   (1) 成立課程委員會及各學習領域小組：擬定具體可行的課程計畫，發展學校本位課程。

   (2) 強化團隊合作：成立教學團、工作團隊，運用新的教學模式，提升有效教學。

4. 建構學習型校園生態

   (1) 強化課程知能建立學習團隊：例如教師讀書會的成立、教學研究會、研究進修。

   (2) 成員課程領導：同僚視導、教學導師、教學領導群，專業對話，交換經驗。

   (3) 展開行動學習：鼓勵成員互相觀摩學習，培養反省性批判、建設性

對話的習慣和能力。

5. 實施創意多元的教學，發揮課程效能

(1) 活化課程設計：整體思考課程目標、學習時間、教學與評量、教師人力需求、教師組織與互動、場地與設備、六大議題等方面，全盤思考。

(2) 推展創新教學：組織教學團隊，運用統整課程、協同教學、合作學習、多元評量等手段。

(3) 展開自主學習：給孩子一把鑰匙，培養關鍵的學習能力，亦即「學會學習」、「學會生存」、「學會生活」、「學會愛及與人相處的能力」。

6. 採行人性化行政措施，支援課程發展

(1) 高關懷高倡導：無條件積極關懷，高關懷，高倡導，領導教師課程發展。

(2) 提供教學資源：扮演滿足教師課程發展與教學需求的角色。

(3) 落實績效責任：講求榮譽，有責任，有激勵，做好品質管理，提升課程品質。

(4) 鼓勵創新研發：訂定獎勵措施，鼓勵參與課程創新研發。

7. 結合家長社區力量，強化課程發展成效

(1) 建構學習型社群：辦理家長讀書會、親職教育，提升父母效能，學習成長。

(2) 設置人力資料庫：整合社區及家長的專長資源，轉化為學校的人才資料庫。

(3) 促進親師合作：親師牽手圓夢，共同為孩子的學習成長一起努力。

8. **建立評鑑制度，落實學校課程發展**

(1) 強化課程評鑑：定期召開檢討會議，加以評鑑，落實學校課程發展。

(2) 展開行動研究：發掘教學現場的問題，以行動研究課程發展問題，

解決問題。

9. 善用例行的活動，促進優質的課程品質

主任可以運用平時的一般性活動或時間，來促進學校的課程發展：

(1) 和學生用餐時，可以詢問學生的學習狀況。

(2) 進行非正式的觀察時，可以將焦點放在課程的實施上。

(3) 與教師組織進行非正式的午餐談話會，討論當前的課程議題。

(4) 當學校的成績單完成後，可以和教師們舉行非正式的晤談，瞭解課程對於學生學習成就的影響。

(5) 進行教師評鑑時，內容應該包括教師實施課程的分析。

(6) 善用學校各式各樣的會議，把每一次的會議都看作是推動新課程的機會。

## 四、結語

課程領導涵蓋層面甚廣，教務主任可以透過實際策略，例如：工作坊、創意專欄、研討會、主任說故事、教師心靈時間、學習檔案、假期走入社區踏察去、協助老師專業發展、在旁敲邊鼓提供資源、引入家長社區資源、提供師生更多的服務、建立共識取得共識…等。因此，課程領導者無論在課程規劃、課程設計、課程實施以及課程評鑑層面均需瞭若指掌，特別是更應成為學校本位課程方面的課程專家，領導同仁發展課程，提升課程與教學品質，以增進學生學習效果為己任。

【本文取自王全興（2012）。國小教務主任進行課程領導的策略與方式。國教新知，59（2），94-99。】

參考文獻：

李新鄉（2003）。國小校長轉型中的課程領導－理念到實際間的初步檢視。
　　教育研究月刊，**113**，30- 44。

教育部國民教育司 (2000)。**國民教育法規選輯**。台北市：教育部國民教育司。

蔡培村、武文瑛（2004）。**領導學理論、實務與研究**。高雄市：麗文。

蔡清田（主編）（2005）。**課程領導與學校本位課程發展**。台北市：五南。

蔡清田（主編）（2007）。**學校本位課程發展新猷與教務課程領導**。台北市：
　　五南。

Fullan, M. (1982). *The meaning of educational change.* NY: Teachers College Press.

Glatthorn, A. A. (2000). *The principal as curriculum leadership.* Thousand Oaks,
　　CA: Cowin Press.

# 6 國小教師 籌組專業學習社群的策略

## 一、前言

　　教育部有鑑於「教師專業發展」是影響教育成效的重要關鍵之一，故規劃了九年一貫課程、精進課堂教學、教學卓越、創意教學、行動研究、教師專業發展評鑑等各種不同計畫與方案，其中在 2006 年 4 月制訂「補助試辦教師專業發展評鑑實施計畫」，2009 年續訂「補助辦理教師專業發展評鑑實施要點」，積極地推動教師專業發展評鑑工作，其目的是鼓勵學校與教師自願參與，提升教師專業知能、提高教師教學品質、促進學生整體學習效果（教育部，2009；教育部，2010）。

　　然而，教育部推動中小學教師專業發展評鑑至今已逾四個年頭，教師如何將課程領域知識有效傳遞給學生、教學理念與教育實踐如何進行聯結、如何提升學生整體學習成效、如何精進教師基本能力等（課程設計、課程研發、課程評鑑、教學評量、班級經營、溝通協調、科技融入），在在考驗著教師本身的動機與意願。事實上，教師賦權增能（empowerment）不假外求，若能以學校為本位、以課程與教學為核心，由志同道合教師自發性組成「專業學習社群」，進行長期且持續性的學習，也是未來可行的方案之一。

## 二、專業學習社群的定義

　　通常所謂社群（communion），是指一群志同道合的人們，為達成共同目標，成員持續且緊密的交互作用而形成的群體，成員彼此之間共同分享價值信念、文化經驗進而產生心靈的認同感與歸屬感。其次，「學習社群」（learning communion）是由一群具有共同學習興趣或學習目標的成員所組成，經由持續性分享交流、參與學習、相互激勵，提升彼此的知識、技能或態度；最後教師「專業學習社群」（professional learning communion；簡稱 PLC）是指一群志同道合的教育工作者所組成，持有共同的信念、願景或目標，為致力於促進學生獲得更佳的學習成效，而努力不懈地以合作方式共同進行探究和問題解決。由上可知，學校中的教師籌組專業學習社群具有以下共同的特徵：（一）具有共同的信念、目標與價值觀；（二）成員能彼此分工合作、團結互助；（三）共同探究問題與尋求問題解決；（四）持續精進教學與學習；（五）檢視教學與研究成效；（六）具備反省、批判、思考精神與態度（張新仁、王瓊珠、馮莉雅，2009；張新仁、王瓊珠、馮莉雅，2010；柳雅梅，2006；教育部，2009；教育部，2010）。

## 三、國小籌組專業學習社群的策略

什麼是影響到「教師專業學習社群」成功的關鍵因素呢？這些涉及到學校、社群本身、教師等多面向的問題，以下提出若干策略，提供學校在籌組專業學習社群時採行策略的參考。

## （一）SWOTA 學校情境分析，擬出當年度或多年期目標

1970 年代哈佛大學商學院提出的 SWOT 分析技術，或可借鏡並引用來瞭解社群未來發展的行動方案，及因應學校成員發展屬於專業社群的具體行動策略。因此，運用 SWOT ＋ A ＝ SWOTA 情境分析，輔以學校現有條件發展專業學習社群，有利於剖析學生的學習需求，充分揉合學校行政、社區家長、教師教學，樹立學校專業學習社群共同奮鬥的目標，建構社群發展的運作機制，順勢擬出當年度及多年期奮鬥目標，進而凝聚成員間心靈的認同感與歸屬感。專業學習社群一開始若能有效掌握情境脈絡，發揮集體智慧，或許能發現問題（教學或校園）、選對問題與人員、找對方法，進而有效提出目標與願景，落實專業社群發展之群體執行力。

## （二）依教師興趣或專長籌組專業學習社群

　　每位教師每週都有一、二十節課，怎樣更有效率地進行專業成長、精進教學呢？怎樣能讓教師樂於且持續參與專業學習社群呢？這不外乎依照教師意願、興趣與個人專長籌組社群！傳統以來，教師文化侷限於單打獨鬥，專業成長模式以參加校內外研習、進修學位學分為大宗，但大多脫離日常教學實務，求學動機是礙於現行法令規定或取得畢業證書為主，如何讓教師「增能」能不假外求，專業成長、學習內容和教學脈絡能直接連結，有必要因應社群人力之限制，依據教師興趣、能力、專長予以分組或分工，不僅能有專業對話、經驗交流、分享資訊、楷模學習機會，更能提升教師參與的動機，使專業成長不是交差了事，而是能具備高效能、高默契、高動機的專業學習社群。

## （三）選出團隊領導者，訂出社群整體規劃與開會期程

　　團隊領導者是社群能否順利運作的關鍵因子，所以除了志願外，尚須有服務奉獻的態度，敏銳觀察成員的各項問題，並適時提供協助；當然，團隊領導者服務一段時間後也可以輪流擔任，讓大家都有學習和成長的空間，這也是教師專業成長的一部份。一旦領導者選出後，就需擬定出下列各個事項：定期召開專業學習社群之相關會議時間、地點與開會內容；定期召開專業學習社群教學研究會議；擬訂專業學習社群實施計畫；蒐集並整理專業學習社群實施計畫內容；溝通及宣導專業學習社群實施計畫內容等。至於開會地點並不侷限在校園環境，也可以選擇在非正式場合進行。

## （四）詳列當年度社群實施方式與實施內容

　　學校在進行專業學習社群時，事前必須有萬全的準備與詳盡的規劃，若能將實施方式與實施內容具體化，有助於未來檢討改進時有所依據。開會時應訂定學生學習機會、學習內容、以及學習成就三方面的標準，教師必須致力於計畫專業成長、從事教育研究、建立教學檔案、參與學術活動、評估社

群成果，並依此作專業教學、創新教學、有效教學、活力班級，以符應所有學生的需求，深植社群教師的教學態度，內化其教學動機，進而提昇其教學效能。其他尚包括教學觀察與回饋、主題探索研討（含影帶、專書）、主題經驗分享、教學檔案製作、專題講座（含專業領域研討）、教學方法創新、教學媒材研發、行動研究、協同教學、同儕省思對話、案例分析與共同備課等，都應有整套且完整規畫。

## （五）社群成員賦權增能、分工合作進行合作學習

常常可以發現社群在運作過程當中，有人開會時沒空參加、有人嫌工作太忙太辛苦、有人嫌沒有時間交報告、有人交不出成果、有人不願分配工作、人員之間關係不睦……等等層出不窮問題。其實在專業學習社群裡，成員需要相互鼓勵和提攜，透過賦權增能讓學校成員歷練並學習社群的各項事務，避免囿於傳統式單兵作戰的領導殊為重要。換句話說，團隊成員權力分散與共享，實際上可以增加社群運作彈性，因應選定的各項議題，彼此分工合作而不計較，讓每位成員都有機會當領導者；雖然社群間成員所負責工作有些許不同，但大夥卻是命運共同體，從成立學習團隊開始，便應形塑出合作學習的社群，以增進學校效能，提升學習成效為己任。

## （六）集思廣益、尊重信任下解決教學實務問題

教師專業學習社群應該勇於發掘課程或教學問題，一起去面對問題，在對的時間、做正確的事，並且是「把對的事情做對」，共同貢獻智慧來解決學校教學上所可能產生的困境與問題。此時，可以透過行動研究進行長期的追蹤並呈現成果、分享、省思、對話；期末與全校教師或家長進行成果發表，鼓勵更多人員參與。如此一來，可以在尊重、關懷與誠信氛圍下，用心去學習彼此的智慧與經驗，展現、分享與交流專業心得，營造學習型校園的社群氛圍，強化學校課程經營品質，提昇教學品質，伴隨著豐富課程內容，重視學生表現，重新擦亮校園招牌，在尊重信任的環境中設法共同實踐新的教育

桃花源。

## （七）專業互補、組織學習促進個人與團體不斷專業成長

人要是愈能清楚自己在社群中的定位，就愈能扮演好自我的角色。因此，術業有專攻，沒有一通百通的事，在專業分工愈精細的時代中，端賴專業工作回歸專職負責，明白自己在社群的位置與階層，俾能做出適當的分寸拿捏，而能免於僭位逾份。當今，科技日新月異，課程與教學創新的步調永不停滯，為了因應大環境的改變，必須建立學習團隊，加速組織學習，帶動組織成員反思、批判和思考，跳脫固有的疆界與迷思，將原本視為「理所當然」、「本應如此」的想法或教法，透過專業互補與組織學習，重新思維與調整，發展個人與團體的智慧。因此，實務上為了促進社群成長，提高專業知能與專業互補，進而掌握學校課程發展的趨勢脈動，必須積極維護學生受教之權益，著力學校整體課程經營方為上策。

## 四、結語

誠如 Speck (1999) 曾剴切的闡述對學校的看法，他認為學校是一個學習者的社區，也是同儕進行專業對話、經驗分享的場域。我們如何讓專業對話、經驗分享、合作學習、樂於創新、解決教學實務上的問題……等開花結果，實有必要透過教師專業學習社群之群策群力，共達自行設定課程或教學上的目標與願景。

參考文獻：

柳雅梅（2006）。學校是專業的學習社群－專業發展的合作活動與策略。台北市：心理。

張新仁、王瓊珠、馮莉雅（2009）。中小學教師專業學習社群手冊。台北市：教育部。

張新仁、王瓊珠、馮莉雅 (2010)。中小學教師專業學習社群手冊 II。台北市：教育部。

教育部（2009）。中小學教師專業學習社群手冊（第一版）。台北市：教育部。

教育部（2010）。中小學教師專業學習社群手冊（第二版）。台北市：教育部。

Speck, M. (1999). *The principalship: Building a learning community*. Upper Saddle River, NJ: Merrill.

# *7* 建構
一個協同合作的行動研究社群

## 一、前言

　　教師參與行動研究，有助於教師專業文化的提昇（蔡清田，2000）。誠如歐用生（1996）所指出，行動研究提供了機會與結構，發展教師的反省能力，使教師能檢討未被考驗的理論，融合理論和實務間的落差，並且從研究經驗中獲益，進一步了解學校和教學的複雜性，提高教學的品質，促進教師個人與團隊的專業成長。由上可知，藉著教師即研究者的精神，在行動中反省，持續不斷地成長與學習，使自己的教學實踐更上層樓是達成教師專業學習社群的可行策略之一。但是，目前行動研究似乎仍跳脫不開以「教師自我」的傳統窠臼，缺少了教師和學生、學者、專家、家長，以及教師彼此之間的協同合作，畢竟獨自工作或研究的個別教師力量是十分有限的，我們應透過協同合作社群的建立，藉由專業的行動研究與彼此之間的討論或論述，方能促進課程知識的發展。以下針對如何建構協同合作行動研究社群，以及其重要性與落實之道提出若干見解，提供給進行專業學習社群學校或相關實務工作人員參酌。

## 二、協同合作社群的重要性

　　協同合作的社群，涉及了個人和體制，以維持屬於行動探究論述方面有關道德、物質或經濟本質上的延續，並且透過互動以獲得理解或改進實務的表現，甚至提供課程實務問題的解決策略。協同合作意味著不只是個體之間的合作，也包含了平等和共同探究的承諾。Corey (1953) 針對協同社群之需

求，指出：「除非教師、行政人員和管理者有相當程度的自由和意願，去承認和討論令他們感到困擾的工作，否則在學校系統中的課程實驗幾乎不可能產生。」

對於教師和其他實務工作者而言，一種可能的途徑是讓他們針對有效的方法去進行實驗，藉此與其他成員不同行動理念進行專業上的討論。因此，專業的討論是行動研究的必要條件，如此才能提供課程知識的發展。然而，協同合作的議題，引發行動研究的嚴重「順位」問題，由於教育行動研究時常發生在參與教師、外來顧問或促進者之間的框架裡，Elliott (1985) 建議：「需要經常不斷地慎思自己的實務問題，以及嘗試去精進活動本質之間的關係，如果不致力於這種第二順位的行動研究，他們將屈服於壓力之下，而淪為控制教師的思想，導致曲解而非促成第一順位行動研究的方式。」由此可見，在參與者彼此認識且尊重的情境下，協同合作的溝通和討論是最有成效的。

在一個協同合作與相互支持的團體中進行學習，這種想法的基本假設是主動的學習者而非被動的參與者。在許多教師工作坊的研討團體，某些教師為了設法不要暴露它們所欠缺的技術或知識，傾向在團體中隱藏起來。如果工作的範圍和定義界線不夠清楚的話，成員可能決定不參與，團體成員需要一個可以吸引他們專業發展的議題，他們必須要有自由和做決定的權力，才能有效的去參與。一個個體學習任何事所需要的時間、資源、知識，以及從他人身上獲取重要的回饋，這一份構想和 Illich 所描述的「學習社群」，或教育社群是貼近的 (Mckerman, 1996: 231)。

例如：英國為了能夠在國民教育階段延續福特教學計畫，於是提出了一個「合作的行動研究社群」（Collaborative Action Research Network）構想。該項社群的特點是樂意去詢問我們或其他人問題，以及探究困難或具挑戰的思想與實務，包含強化他們的價值行為。此種協同合作社群（CARN）是經由系統的、批判的、創新的探詢目標、歷程，以及專業工作上的環境，以利堅定地支持和改善專業實務的品質。為了能夠延續在英國福特教學方案的專業

發展，CARN 在 1976 年所創建，到目前為止，它已經變成一種國際性的社群，從教育的、身心健康的、社會關懷的、商業的，以及公共服務的環境背景下，吸引它的成員。CARN 的目的是鼓勵和支持行動研究計畫（個人、地區、國家，以及國際），透過協同合作方式進入行動研究計畫的敘事中，提供或促進行動研究的理論與方法。

## 三、如何建構一個核心工作小組

　　首先，建立一個參與者的核心團隊或基層組織是必要的。團隊成員處理問題的動機和態度遠比學位證書和學科專業知能更為重要。在團體努力的過程當中，想要精進的意志是至關重要且是有效的，因此小組想要自願地投入是很重要的。Illich 提出了兩種發展協同合作的有效方法，亦即技巧交換的理念和專業人士的社群 (Illich, 1971: 81)。

### （一）技巧交換

　　這裡主要的觀念是，允許有專門技巧的人清楚地澄清概念，同時透過一些方式和他們接洽、溝通及討論。技巧模式是針對有特別知能的人，同時有意願協助其他人；但我們也必須體認到擁有正式形式的學位或證書，卻不一定要為技巧模式的領導者—那是因為很多擁有技巧的個體是沒有證書的。

### （二）社群

　　成立協同合作的協會或社群為其促進課程進步的一項重要論述，其中一個好的例子便是「教室行動研究社群」（CARN），它一直鼓勵並考慮大學和當地學區建立夥伴關係，透過參與者和學術社群協同合作，以解決實務的教育問題。

　　以協同社群為中心的課程行動研究，其基本理念是透過改進不同專業實務的方式來進行課程探究，基礎的原則包含如下：1. 改善所有教育者的專業承諾；2. 實務工作者的反思探究，如同其他課程研究和發展模式一樣重要；3. 協

同合作社群需要允許個別思考的教育人員，在內部組織同盟中不受固有的權力和權威所束縛。

協同合作社群目標至少能達成以下三項事情，以改善課程。1.技巧交換和參與成員社群網絡的建立；2.確立中心能以民主的方式運作；3.特別的課程計畫可以從社群成員的理念中產生。

Stenhouse (1983) 所倡議的協同合作行動研究定義是：「研究可以廣泛地定義為有系統的探究，並加以公開。」這個建議呼籲研究必須嚴謹，而且關心和他人公開分享。因此，有充分的理由讓教師和其他實務工作者，視自己如同在課程研究中的參與者一般，如果學校強調透過專業學習社群來精進教學或學習，較佳的運作模式便是成立一個協同合作行動研究社群。

## 四、邁向一個批判社群的行動研究

批判社群論述將會比目前教育專業型態更為緊密地互動與引人注目，除非我們能真正在專業上實踐，建立一種慎思且探究的形式，否則課程將不會有所改善。為了使教學能夠發展成為專業，教師必須積極地參與課程探究，此處的觀點在某種意義上，是教師的知識必須變成公開的知識 (Reid, 1978)。

這裡重要的社群意指學校社群，它包括教師、行政人員、家長、視導人員、師資教育工作者，當然也包括學生。這些社群透過鄰近學校間的協同合作，外來的促進者和其他人，以真誠的教育責任予以強化，且注意到社群不是為教師個人所獨有的 (Skilbeck, 1984)。

教師有許多不同型態的對話，Bridges (1975) 就主張教師的討論，廣泛可以分為三個不同的類型：第一，和學術或專業同僚討論，期望學習到某些專門知能；第二，透過和他的學生們討論，希望教學相長；第三，和同僚、學生或家長的討論，透過他人的參與，以期決定一套行動課程或一個政策，以導引課程實踐。

## 五、建構協同合作行動研究社群的落實之道

以下針對如何建構一個協同合作的行動研究社群，提出若干見解與落實策略，茲分述於下：

### （一）尊重小組每位成員的理念與觀點

在美國，行動研究已經提倡一段時間了，主要是透過協同合作或互動的研究方式而加以運作，協助其發展與宣傳概念—通常包含了組織內外的參與者。協同合作主張每一位小組成員，在研究的規劃、實施、分析與報告的過程當中，進行彼此的分享與對話。在協同合作的過程當中，小組成員貢獻獨特的技能與專門知識。小組通常是由大學教師、現場的教師、行政人員、教育相關實驗人員等所組合而成，這種互動小組的觀點，必須尊重彼此間的知識、論述、觀點和理念，彼此分工合作、共進共退、權力分享和賦權增能（賦予所有成員相同的權力）。如此，方可避免有權力的外來顧問或促進者支配整個研究的進行，也較有可能解決上級或上司的定見。

### （二）敏銳覺察生活周遭事物

教師浸潤在職業文化中日久，漸喪失其文化人類學陌生人的角色，將所有問題均視為理所當然的，不加以質疑，因此要發展教師的敏感性，敏於其所看、所聽、所聞，並深入思考其意義，其途徑有：1.無中生有，有中生新：如質疑國小早自修的儀式意義和教育價值，早自修才被廢止；但國小早自修的實施現年又如何，尚需深入探討；2.化熟悉為新奇：學校教育中充滿了儀式、民俗或規則，如清潔活動、午休、升旗，……。教師可將這些熟悉的儀式，重新審視或賦予意義；3.製造問題，而非接受問題：如將教科書中濃厚的性別、種族、政治等意識型態視為問題，提出意見，謀求改進；4.從反面看問題：如午休問題，一般均認為兒童上了一早上的課，午休甚至午睡一下，下午較有精神；但有時不妨反面看，午休是否一定午睡？讓兒童依其興趣到圖書館、視聽教室、電腦教室……等靜態活動有何不可？

## （三）透過行動研究進行協同反思與問題解決

理論因研究而產生，研究由行動而落實。教師參與行動研究，是一種對內在價值的喚起。過去教師就就業業於教學工作，習於成為決策的執行者，而非主導教學工作的決策者。其目的在使教師發現自我，透過科學化的研究方法，明瞭所處角色以及開發自我潛能，並能不斷反省教學現場相關問題，最終展現教學行動力，將每個孩子都能帶上來。行動研究由研究產生行動、行動產生研究，既解決別人也解決自己的問題，並能重視內在深層與反省，與社會產生良好連結，以促成教師專業實踐，展現改造社會的行動力，期使行動研究名實相符。近年來國內教師行動研究的觀念逐漸成形，但是多半限於教師進修學位的論文，或是學術機構及師範校院的研究報告，並無法真正變成教改的牛肉。是以行動研究要能展現價值必須進一步讓教師進入決策，使教師體認自己是決策的一環，才能為教改引注行動及反省的活水，重新為教改找到出發的原動力與價值。

## （四）強化教師協同合作並落實課程領導

有效的課程與教學領導更強調教師之間的協同合作，因為課程的設計與實施、教學活動的設計、教學評量的實施等，從過去標準化、一致性到現在的彈性化、多元性，勢必會加重教師工作上的負擔，而且學生基本能力的培養，不再只是單靠某一學科的訓練，須顧及其他面向的發展，因此在課程與教學水平向度和垂直向度之整合，便須靠教師們之間的合作。另一個不可忽視的角色是學校行政，在進行課程與教學的最前線是教師，但是支援教師進行課程與教學的最大力量便是學校行政。學校行政以校長為主，校長在充分尊重與信任教師的專業自主，及幫助教師提昇專業內涵、建立專業自信上，可以帶領校內教師，組織各種學習型組織共同成長，與其他行政人員一同透過行政的組織建立學校的課程發展委員會、各領域課程小組，發揮課程領導的職責，提供相關知識與行政的服務，更要發揮適度的監督力量，掌握課程

研究和發展之進度。除此之外，可能藉由行政力量協助推動校內團隊學習的活動與氣氛，並提供足夠的時間與資源讓教師也能發展自發性且多元化的專業發展活動（王全興，2007：54）。總之，教師、行政人員和家長應站在同一戰線，一起為學生繼續的努力與付出。

## （五）重新界定教師與學者專家的夥伴關係

因應九年一貫課程革新，全國各中小學無論是推展學校本位課程，進行課程統整的教學，抑或是針對學校的課程革新，進行課程行動研究等，都曾在草創推行之初，聘請專家學者扮演指導者的角色。其中尤以行動研究，多數教師至今仍習於等待學術專家給予引導和協助，提供研究方向和研究方法的建議，有時專家學者的影響力太大時，反而會出現反客為主的情形（黃政傑，2001：229），McKernan (1996) 更直接指出行動研究受到學術專業的挾持 (Hi-jacking)。除此之外，因為專家具有學術權威，校內成員會不自覺地聽命行事，協同關係不對等，相互間很難是平等的分享關係，達不到主體與主體之間生命經驗的共同分享與了解（成虹飛，1996：92）。

由於近年來發表課程行動研究論文的情形十分踴躍，其中大多數發表的作者是大專院校的教授，或者是在職進修研究所的國中小學現職教師，至此，行動研究搖身一變倏然成為當代研究的顯學。但是值得令人省思的是這些行動研究的文章究竟是為了行動而研究，還是為了研究而行動？況且，一般缺乏學術背景的教師較少發表相關的研究論文，會不會使得行動研究變成只屬於某些社群的專利，而成為另一種學術權威的形式（劉祐彰，2007：29）？

同時，由於學校所面臨的課程問題經常是獨特的，而且需要立即處理，校外的專家學者可能並不是很清楚了解問題產生的脈絡，所以無法對症下藥（黃政傑，1999：349）。因此，學者專家的角色和功能必須重新界定。近年來，亦有研究者以國小教師的身分針對行動研究所作的反省，警覺到基層教師在從事政策所呼籲的行動研究時，應該謹慎小心，以避免受到另一種文化霸權勢力的箝制（黃志順，2001）。因為教師從事的行動研究經常必須面對

專家學者的評論，而這類評論是奠基於某種客觀的學術標準。此外，這些由學術論述發展而來的知識，對教師而言可能是去脈絡化的，在形式或詞藻上是優越的，非教師所能從事或控制的 (Goodson, 2000)。由上可知，對外尋求協同行動研究網絡建立迫在眉睫，學校教師應該與當地大學或專家學者建立「長期」夥伴關係，落實學校本位課程管理的理念與精神，建立彼此互信互助，積極藉由參與者和學術機關協同合作，以解決實務的教育問題。

## 六、結語

　　專業學習社群係指一群志同道合的教育工作者所組成，持有共同的信念、願景或目標，為致力於促進學生獲得更佳的學習成效，而努力不懈地以合作方式共同進行探究和問題解決（教育部，2010）。若能落實上述的協同行動研究確實可以達到專業學習社群的目標，也可以幫助消弭教學情境中的孤立現象，促成專業對話並且創造校內更專業的文化（Beverly, 1993: 3），而且多人協同合作的行動研究比個人的行動研究更具有效度。雖然目前在中小學的校園，進行協同行動研究有其實踐上的困難。例如：傳統教室的孤立教學環境阻礙了對話社群的建立，教師各自為政，同儕之間缺少互動、分享、溝通的歷程。再者，中小學教師往往並沒有被帶進論述的社群裡，而當他們被帶進時比較有可能的方式是教師與學校以「配合合作」（cooperative）的方式來行動，而非「協同合作」（collaborative）的方式，學校往往被視為是用來做研究的地方，學校教師被視為是「顧客」（clients），而非「夥伴」（partners）等 (Mckernan, 1996; 蔡清田，2000)。誠如陳惠邦（1998）所言，行動研究是一種公開探究的形式，教師應該把所蒐集到或記錄到的資料，與其他教師相互分享與討論，並且藉由建構一個協同合作的行動研究社群，以釐清與辯證資料中的衝突與矛盾。教師公開分享行動研究的成果，能夠引起其他教師的共同思考與批判性對話，進而獲得情感上的、認知上的與行為上的共鳴，並對其他教師的教學實踐產生啟發意義（甄曉蘭，2002：223）。

參考文獻：

王全興（2007）。資訊科技融入數學教學之課程行動研究。**中等教育，58**（6），
　　36-55。

成虹飛（2001）。行動研究中閱讀／看的問題：一篇重寫的稿子。載於中華民
　　國課程與教學學會（主編），**行動研究與課程教學革新**（175-198 頁）。
　　台北市：揚智。

教育部（2010）。**中小學教師專業學習社群手冊**（再版）。台北市：教育部。

陳惠邦（1998）。**教育行動研究**。台北市：師大書苑。

黃志順（2001）。邁向教師作為實踐主體的身分認同：「後殖民論述」的反省。
　　**國民教育研究集刊，7**，311-342。

黃政傑（1999）。**課程改革**。台北市：漢文書店。

黃政傑（2001）。課程行動研究的問題與展望。載於中華民國課程與教學學
　　會（主編），**行動研究與課程教學革新**（175-198 頁）。台北市：揚智。

甄曉蘭（2002）。**中小學課程改革與教學革新**。台北市：高教出版社。

劉祐彰（2007）。中小學教師進行課程行動研究的困境與省思。**中等教育，
　　58**（6），36-55。

歐用生（1996）。**教師專業成長**。台北市：師大書苑。

蔡清田（2000）。**教育行動研究**。台北市：五南。

Beverly, J. (1993). *Teacher-as-Researcher*. (ERIC Document Reproduction Service
　　No. ED 355205)

Bridges, D. (1975). Discussion and decision-making. In D. Bridges & P. Scrimshaw
　　(Eds.), *Values and authority in schools* (pp. 81-102). London: Hodder and
　　Stoughton

Corey, S. (1953). *Action research to improve school practice*s. NY: Columbia
　　University, Teachers college Press.

Elliott, J. (1985). Facilitating action research in schools: some dilemmas. In R. G.

Burgess (Ed.), *Field methods in the study of education* (pp.235-262). Lewes Sussex: Falmer Press.

Goodson, I. (2000).Professional knowledge and the teacher's life and work. In C. Day, A. Fernandez, T. E. Hauge, & J. Moller (Eds.), *The life and work of teachers: International perspectives in changing times.* London: The Falmer Press.

Illich, I. (1971). *Deschooling society.* NY: Harper and Row.

Mckernan, J. (1996). *Curriculum Action Research: A handbook of methods and resources for the reflective practitioner*(2nd ed.). London: Kogan Page.

Reid, W. A. (1978). *Thinking about the curriculum: The nature and treatment of curriculum problems.* London: Routledge and Kegan Paul.

Skilbeck, M. (1984). *School based curriculum development.* London: Harper.

Stenhouse, L. (1983). *Authority, education and emancipation.* London: Heinemann.

# 8 6E 教學策略的
## 內涵及其在品德教育上的應用

## 一、前言

　　我國目前實施的九年一貫課程綱要中明確指出，課程目標需重視「促進文化學習與國際瞭解」：培養學生尊重並學習不同族群文化，瞭解與欣賞本國及世界各地歷史文化，並體認世界為一整體的地球村，培養互相依賴、互信互助的世界觀（教育部，2008）。特別是在品德教育方面，廢除傳統道德設科教學的方式，將品德教育融入各學習領域與日常生活當中，希冀能由各領域教師共負責任，在潛移默化過程中學習新時代應有的道德能力。但由於近年來由於時代變遷、社會風氣、家庭型態的轉變，自古以來被人們所奉為圭臬的為人處事所應遵循的道德準則，似乎已被拋諸腦後。家長價值觀及教養方式也逐漸地出現分歧，學校教師在勞心勞力教導學生之際，常無空暇時段指導學童生活常規、品德教育等議題，尤其面對價值觀迥異、教養方式不同的人士，更深感品德教育推展之難為，常有今非昔比之慨。有鑑於此，品德教育之落實與深耕，乃當前每一所學校教育最重要的課題之一。

## 二、6E 教學策略的內涵

　　教育部（2010）自民國 98 年積極推行「品德教育」，並喊出「6E 教學方法」，呼籲各級學校、家庭和民間團體串連成「教育夥伴關係」，共同推廣品德教育，其主要內涵如下：

### （一）典範學習（Example）

　　鼓勵所屬中小學校長、教師及家長成為學生學習典範，並運用生活實例

進行楷模學習，如鼓勵教師成為學生楷模之經驗分享、閱讀活動等；並辦理教育行政人員、教師、學生與家長之成長營或工作坊。

## （二）啟發思辨（Explanation）

鼓勵所屬中小學針對為什麼要有品德、所選擇之品德核心價值及其具體生活實踐之行為準則，進行討論與思辨；並結合民間團體、家長團體與媒體，辦理相關研討座談。

## （三）勸勉激勵（Exhortation）

鼓勵所屬中小學透過影片、故事、體驗教學及生活教育，隨時勸勉激勵師生實踐品德核心價值。

## （四）環境形塑（Environment）

鼓勵所屬中小學透過校長及行政團隊典範領導，建立具品德核心價值之校園景觀、制度及倫理文化。

## （五）體驗反思（Experience）

鼓勵所屬中小學推動服務學習課程及社區服務，實踐品德核心價值。

## （六）正向期許（Expectation）

鼓勵所屬中小學透過獎勵與表揚，協助學生自己設定合理、優質的品德目標，並能自我激勵以具體實踐。


# 三、品德教育推展上的困境

## （一）課綱缺乏詳實教學配套

隨著民國 90 年度起，我國國民小學一、三、五年級開始實施九年一貫課程；至九十三學年度，國小一至六年級則已全面推行九年一貫課程。檢視九年一貫課程改革，並無有關道德教育之標舉，想要將品德融入於學習領域當中，但其詳細的作法並無列舉，以致教學現場教師無所適從。李奉儒（2004）指出這種將道德融入於學習領域當中的新課程，若無適當的配套措施，將嚴

重影響學生的道德發展。

## （二）教師欠缺正確體認

就實際面而論，隨著九年一貫課程的實施，在將道德融入學習領域的同時，學校方面似乎缺少了相關配套措施，學校教師亦欠缺正確體認，例如：品德是否能適切的傳達到學校教育場域之內？隱藏的道德教育是否受到各領域教師的重視呢？在全球化影響之下，道德教育有必要體現全球精神，彰顯全球一體的目標，但要如何由近而遠、由地方到全球，適切的呈現在課程中？如何建構學生主體，又能具有公民的意識？網路使用的倫理呢？道德教育的潛在課程等，這些學校實際層面的道德問題陸續浮現，該如何讓品德的知情意行確實落實，值得我們再三的推敲與省思（王全興，2008）。

## （三）家長主智主義盛行

大多數家長都非常重視學生學業成績上的表現，下課後補習風氣盛行，學生一天中多數時間都花在知識技藝的學習上，學生與家人相處、互動的時間相對減少，原本家庭應該教導的生活教育，付之闕如，幾乎須仰賴學校教育。

## （四）家庭教育功能式微

少子化影響，每個家庭孩子生得少，個個都是寶，在家集三千寵愛於一身，凡事有父母（或傭人）代勞，無形中剝奪孩子學習、判斷、思考、反省及解決問題的能力，甚至養成驕縱性格，以自我為中心，顯現出許多不良習性：對人不感激、對己不克制、對物不珍惜、對事不負責，需要學校教師投入更多心時間導正。

## （五）經費來源有限

有言道「巧婦難為無米之炊」，各校得到上級的補助經費甚為有限，社會方面提供的奧援亦非常態，在經費來源有限下，許多欲建置的軟硬體設備，總總不能如期到位，拖延到工作推展的預期成效。

## （六）專業人力不足

　　各校在目前的工作編制下，每位教師除了本身的教學、級務外，還需協助若干行政工作。在這些既定工作之餘，尚有不定時額外工作出現，如此情況下，校內人力資源顯得極大超載。特別是缺乏可以長期合作的品德領域專才、教授、社區專業人士，這對長期深耕品德教育的各所學校而言，是個相當大的隱憂。

## 四、6E 教學策略在品德實務推展的可行課程方案

　　下列各項品德教育活動的推展是以「6E 教學策略」為核心，規劃一系列的課程並將其融入在教學與評量當中。其實，每一項的課程設計、課程發展、課程實施及課程評量大多涵蓋 6E 教學的每一種策略，只是權重有所不同而已，茲將可行課程方案臚列於下：

## （一）結合學校願景，自訂班級及中心德目

　　每一所學校都有自己的學校願景與學校本位課程，若能結合各校願景並將其視為長期、長遠發展重點目標，一定會有所進展，這是 6E 中的「環境型塑」。例如：一所學校的願景為活潑進取、主動創新、好學有禮、和諧感恩，就可以透過由下而上方式，讓班級或學年自訂「進取」、「主動」、「有禮」、「感恩」等公約，具體落實在生活上。

## （二）搭配班級親子手冊，惕勵自我，見賢思齊

　　每天在親子手冊上記錄自我日行一善的事蹟，每週感謝他人對自我的幫忙與協助，培養對相關人事物見賢思齊，見不賢而內自省的自我反省檢討與改進能力。這是 6E 中的「啟發思辨」。

## （三）融合日常生活周邊時事，進行價值澄清與判斷

　　蒐集報章雜誌與相關時事，在課室中進行討論，在教師提供情境與討論機會下，透過價值澄清法討論在相同情境下解決問題的良方，進而獲得統整

概念。這是 6E 中的「勸勉激勵」。

## （四）介紹古今中外品德典範人物，推薦班級品德王子與公主

透過教師介紹品德典範人物，培養學生健全品德教育觀；同時鼓勵學生參與團體生活（角色扮演），進而舉薦班級品德王子與品德公主。這是 6E 中的「典範學習」。

## （五）依學生身心發展階段，辦理品德體驗學習活動

依照學生不同心智年齡及各項專長，辦理相關體驗學習活動，進而體驗各式各樣社會角色，諸如：社區小志工、服務小志工、演奏小志工……等。這是 6E 中的「體驗反思」。

## （六）整合校內外志工資源（志工團、太平境教會……等），身教重於言教

藉由校內外品德志工現身說法，鼓勵學生身體力行，兼重品德上的認知與實踐。這是 6E 中的「典範學習」。

## （七）購買品德教育專書，深化品德知能

透過購買品德書籍，將閱讀融入品德推廣活動，讓學生藉由各式各樣的故事書、繪本、圖畫書等，在老師的引導與介紹下，深化學生品德的知能。這是 6E 中的「勸勉激勵」。

## （八）建立本校品德榮譽制度，潛移默化習慣之養成，亦強調認知發展

整合本校目前各種好行為獎勵制度，建立本校品德榮譽制度，正向強化學生各種優良行為表現。這是 6E 中的「正向期許」。

## （九）加強科際整合觀點，融入各類教學，發現學校為有品幸福的生活校園

將品德教育具體融入生活、社會、語文等七大學習領域，並結合各式活動（品德書法徵集、品德作文徵選、品德圖畫徵集、品德電影賞析等），發現學校為一所有品幸福的快樂校園。

# 五、結語：

　　學校要推動品德教育時，若能將各式活動與措施作有系統的整合，並透過6E創新教學策略，統整正式課程、非正式課程、潛在課程等，以發揮言教、身教與境教功能，讓親師生共同體現品德核心價值，建立品德本位校園文化之特色；進一步借鏡他校之經驗，且引進大學院校的合作，進而帶動學校教師、家長與社區人士共同著力於品德教育行動研究、教材研發之風氣，塑造優質校園氛圍等，期盼能繼續為優質社會紮根與奠基並視為其終極目標。

【本文取自王全興（2012）。6E教學在品德教育上的應用。師友月刊，540，45-49。】

參考文獻：

王全興（2008）。九年一貫課程改革之個人慎思歷程。中等教育，59（3），94-102。

李奉儒（2004）。九年一貫課程中實施道德教育的困境與突破。學生輔導，92，38-55。

教育部（2008）。國民中小學九年一貫課程綱要總綱（修訂）。台北市：教育部。

教育部（2010）。100年度教育部友善校園工作手冊。台北市：教育部。

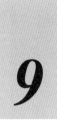

# 6E 教學法及十大行動策略落實品德教育之推動：以一所學校為例

## 一、前言

　　光明國小（化名）是一所學風優良、人才輩出的歷史名校，近年來由於時代變遷、社會風氣、家庭型態的改變，自古以來為人們奉為圭臬的做人處事所應遵循的道德準則，似乎已被拋到腦後。家長價值觀及教養方式也出現分歧，學校教師在勞心勞力教導學生之際，常有今非昔比之慨，尤其面對過度保護孩子、不問是非的家長，更深感教育之難為。

　　有鑑於此，本校品德課程與教學領導團隊認為品德教育之落實與深耕，乃學校教育當前最重要的課題。因此，積極運用豐沛的社區資源挹注於品德教育的推動上，全校教師更是相當注重學生的生活教育，期將原本學校所推動之活動與措施作有系統的整合，透過創新教學方法，統整正式課程、非正式課程等，以發揮言教、身教與境教功能，親師生共同體現品德核心價值，建立品德本位校園文化之特色。過程中品德課程與教學領導團隊以 6E 教學方法及十大推動策略為主軸，同時借鏡他校推動之豐富經驗（策略聯盟學校），進而帶動學校教師於品德教育行動研究、教材研發之風氣，塑造優質校園氛圍，並為優質社會紮根奠基。

　　最後，依據本校各年段核心價值及行為準則具體規劃並落實，期盼增進光明國小學生活潑進取、主動創新、好學有禮、和諧感恩的基本素養，同時培養學生瞭解品德教育的內涵，並促進其具備日常生活品德能力的行為規範，以具體落實品德教育。本方案在運作情形蒐集資料方式，主要包含自我檢核機制考核表、教學觀察與回饋、教學檔案製作、主題探討（含影帶、專書）、

主題經驗分享、校外專題講座、參觀教學、教學方法創新、協同教學、同儕省思對話等，作為團隊不斷反省、思考、對話、修正之依據，以期不斷精進及永續經營，為優質社會紮根與奠基，並視其為終極目標。

## 二、光明品德 SWOT 分析：現況、特色（優勢）、困境（劣勢）與未來精進方向（機會點與威脅點）

### （一）學校基本資料

本校位處都會區，學生素質整齊，家長社經地位高，非常關心孩子的教育，本校教師教學態度相當認真敬業，深獲家長肯定。在歷任校長用心經營品德之下，行政團隊合作無間、無私無我的奉獻，讓光明國小學生在各方面均有亮麗的成果展現。

### （二）推動品德教育現況與特色

| 項次 | 執行事項 | 具體內容 | 執行時間 | 執行人員 |
|---|---|---|---|---|
| 1 | 成立「品德課程與教學領導團隊」 | 1. 研訂具體可行之品德教育實施計劃。<br>2. 品德教育執行小組定期開會，將品德教育實施計畫內容納入學校行事曆。 | 每學年 | 學務主任 |
| 2 | 教師進修 | 積極辦理或參與相關研習進修活動 | 每學年 | 學務主任 |
| 3 | 蒐集教學資源 | 1. 蒐集品德教育教學資源公佈於網站。<br>2. 提供品德教育教學資源供教師參考。 | 週三下午及其他時段 | 學務主任 |

| 項次 | 執行事項 | 具體內容 | 執行時間 | 執行人員 |
|---|---|---|---|---|
| 4 | 充實設備（書籍） | 爭取經費購置品德教育相關書籍、刊物 | 隨機 | 生教組長、級任 |
| 5 | 推行生活教育 | 運用各種時機進行生活教育宣導 | 隨機 | 設備組長 |
| 6 | 加強品德教育教學活動 | 1. 教學活動兼重知識、情意、技能與知行合一。<br>2. 將核心價值融入相關課程中。 | 全學年 | 全校教師 |
| 7 | 推行秩序、整潔競賽 | 每週頒發秩序整潔獎狀鼓勵表現優良班級 | 全學年 | 生教組長 |
| 8 | 建立獎勵制度 | 有好表現即可由老師發給優點券一張，集滿二十張，即可換發獎狀一幀及二十元禮物兌換券 | 全學年 | 生教組長 |
| 9 | 模範生選拔、拾金不昧表揚 | 1. 各班由學生選出模範生於兒童節慶祝大會表揚。<br>2. 在兒童朝會時間公開表揚拾金不昧學生。 | 每年4月，隨機 | 生教組長 |
| 10 | 愛鄰關懷協會團體輔導 | 對象：單親、隔代教養、適應欠佳兒童 | 每週一小時 | 輔導組長 |
| 11 | 爭取各種經費，辦理各項輔導活動 | 實施個案認輔、個別諮商、小團體輔導 | 全學年 | 輔導組長 |
| 12 | 品德教育環境佈置 | 教室環境佈置、生活公約、靜思語 | 每學期 | 生教組長 |
| 13 | 推行人權暨民主法治教育 | 1. 兒童集會人權法治宣導。<br>2. 每學期班級幹部暨自治幹部座談會。<br>3. 兒童自治市長選舉。 | 全學年 | 生教組長 |

| 項次 | 執行事項 | 具　體　內　容 | 執 行 時 間 | 執 行 人 員 |
|---|---|---|---|---|
| 14 | 推動品德教育親職活動 | 利用各項家長集會時間實施親職教育。 | 隨機 | 學務主任 |
| 15 | 故事媽媽晨光教學 | 本校愛心輔導團及退休教師到教室說品德故事。 | 每週二 7:50~8:30 | 教學組長 |
| 16 | 太平境教會品格教室 | 太平境教會義工到教室帶領學生品格教育多元活動。 | 每週五 7:50~8:30 | 教學組長 |
| 17 | 組成「人人有品，德意洋洋」專業社群 | 藉由社群成員的省思、對話，激盪出更多適合本校學生的具體作法。 | 每月定期 | 學務主任 |

## （三）推動品德教育之困境

1. 主智主義盛行：本校位處臺南市都會區，家長社經地位高，非常重視學生學業成績表現，下課後補習風氣盛行，學生一天中多數時間都花在知識技藝的學習上，學生與家人相處、互動的時間相對減少，原本家庭應該教導的生活教育，付之闕如，幾乎須完全仰賴學校教育。

2. 家庭教育功能式微：少子化影響，每個家庭孩子生得少，個個都是寶，在家集三千寵愛於一身，凡事有父母（或傭人）代勞，無形中剝奪孩子學習判斷、思考、解決問題的能力，甚至養成驕縱性格，以自我為中心，顯現出許多不良習性：對人不感激、對己不克制、對物不珍惜、對事不負責，需要學校教師投入更多心力時間導正。

3. 經費來源有限：有言道「巧婦難為無米之炊」，本校所得到的上級補助經費甚為有限，社會方面提供的奧援亦非常態，在經費來源有限下，許多欲建置的軟硬體設備，總不能如期到位，影響到工作推展的預期成效。

4. 人力資源困境：在本校目前的工作編制下，每位教師除了本身的教學、級務工作外，還需協助若干行政工作，在這些既定工作之餘，尚有不定時額外工作出現。如此情況下，校內人力資源顯得極大超載，但這部份的危機在教師共體時艱的付出下，稍得緩解。另外，困窘的人力資源部份，是本校缺乏可以長期合作的領域專才，許多協助的大專院校教授、社區專業人士，都僅能提供短期或單次輔助，這對希望長期深耕品德教育的光明國小而言，是個相當大的隱憂。

## （四）推動品德教育未來精進方向

經過這幾年的執行與檢討，學校與教師們不斷的修正與調整，光明國小未來將繼續朝向以下八大精進方向努力：

1. 打造品德教育專區，包括教學專區的規劃、校園環境的佈置，以及對外成果展示區域。
2. 在現行的推展成果下，持續將各項重要品德內化到學生的日常行為。
3. 資訊教育融入品德教育推展，並建立品德資料庫。
4. 積極辦理教師培訓，展現永續發展能力。
5. 與其他推展有成的學校組成姐妹校或聯盟。
6. 擴大社區人士及校內家長參與。
7. 邁向臺南市品德教育典範學校。
8. 與大專院校建立合作管道，提升學術涵養。

# 三、學校經營創新理念：以 6E 教學法為核心理念

## （一）結合學校願景，自訂班級及中心德目

每一所學校都有自己的學校願景與學校本位課程，若能結合各校願景並將其視為長期、長遠發展重點目標，一定會有所進展，這是 6E 中的「環境型塑」。例如：光明國小的願景為活潑進取、主動創新、好學有禮、和諧感恩，

就可以透過由下而上方式，讓班級或學年自訂「有禮」「合作」「主動」「尊重」「負責」「感恩」等公約，具體落實在生活上。

## （二）搭配班級親子手冊，惕勵自我，見賢思齊

每天在親子手冊上記錄自我日行一善的事蹟，每週感謝他人對自我的幫忙與協助，培養對相關人事物見賢思齊，見不賢而內自省的自我反省檢討與改進能力。這是 6E 中的「啟發思辨」

## （三）融合日常生活周邊時事，進行價值澄清與判斷

蒐集報章雜誌與相關時事，在課室中進行討論，在教師提供情境與討論機會下，透過價值澄清法討論在相同情境下解決問題的良方，進而獲得統整概念。這是 6E 中的「勸勉激勵」

## （四）介紹古今中外品德典範人物，推薦各班品德模範兒童

透過教師介紹品德典範人物，培養學生健全品德教育觀；同時鼓勵學生參與團體生活（角色扮演），進而舉薦班級品德王子與品德公主。這是 6E 中的「典範學習」

## （五）依學生身心發展階段，辦理品德服務及體驗學習活動

依照學生不同心智年齡及各項專長，辦理相關服務或體驗學習活動，服務社區弱勢人士，進而體驗各式各樣社會角色，諸如：社區小志工、服務小志工、演奏小志工……等。這是 6E 中的「體驗反思」

## （六）整合校內外志工資源，身教重於言教

（志工團、太平境教會、聯青社、社區媽媽等）

身教重於言教：藉由校內外品德志工現身說法，鼓勵學生身體力行，兼重品德上的認知與實踐。這是 6E 中的「典範學習」

## （七）購買品德教育專書，品德融入閱讀晨間教學，深化品德知能

透過購買品德書籍，將閱讀融入品德推廣活動，讓學生藉由各式各樣的

故事書、繪本、圖畫書等，在老師的引導與介紹下，深化學生品德的知能。這是 6E 中的「勸勉激勵」

## （八）建立本校品德榮譽制度，潛移默化習慣之養成，亦強調認知發展

整合本校目前各種好行為獎勵制度，建立本校品德榮譽制度（德意卡、德行單），正向強化學生各種優良行為表現。這是 6E 中的「正向期許」

## （九）加強科際整合觀點，融入各類教學，建立學校為有品幸福的生活校園

將品德教育具體融入生活、社會、語文等七大學習領域，並結合各式活動（品德書法徵集、品德作文徵選、品德圖畫徵集、品德電影賞析等），發現光明為一所有品幸福的快樂校園。

## 四、學校經營創新策略：以十大行動策略為準則

### （一）籌組品德推動小組，訂定本校具體行為準則，納入學校短中長程目標

學校組成校園品德教育推動小組，由校長主持，跨處室且納入教師、家長與學生代表，透過全校親師生及家長以民主參與方式，選取本校之倫理核心價值且訂定具體行為準則，納入學校教育計畫加以多元實施。這就是品德教育十大推動策略 S1.建立具民主參與及學理基礎，且有學校多元特色的品德教育方案。

### （二）邀請專家學者專題演講

102 年 1 月 2 日、5 月 14 日、6 月 5 日邀請老師，蒞校主講「品德競爭力」、「我在光明的經驗」、「從品德理論到品德實踐」等，在講師詼諧、生動、有趣、實務或實例方式進行，協助老師在課堂中教出好品格，也幫助小朋友體會品德重要性。參與人員共計 200 位。這就是品德教育十大推動策略 S3.增進教師品德教育知能及其言教與身教功能。

### （三）籌組教師品德專業社群

自 100 年 9 月開始定期召開專業社群會議,邀請同仁共同討論社群發展方向,以知識分享與激勵措施,增進品德教育在校園之落實與實踐,並增進創意課程設計與創新教學的實效。人數約 30 人。這就是品德教育十大推動策略 S2. 發揮校長與行政團隊的道德領導理念與具體行動。

## (四)搭配學生親子手冊(聯絡簿)

自 100 年 8 月 30 日開學起,在親子手冊上具體列述各週中心德目,生活公約、品德核心價值、具體行為準則以及記錄自我日行一善的事蹟,鼓勵學生每天記錄做了哪些好事?幫助了哪些人?見賢思齊及見不賢內自省。學期結束後針對表現優異學生頒獎。參與人數為全體親師生約 1000 人。這就是品德教育十大推動策略 S6. 將品德教育具體彰顯於校園規章與各類活動之中。

## (五)加油打氣牆系列活動(關懷)

100 年 10 月 20 日,各班每人發下一張空白小卡片,請學生將心中想加油打氣的對象(家人、老師、朋友、同學),透過品德小卡把心意表達出來,張貼在打氣牆上,字數 30 字以上,每班擇優三至五件送至學務處,承辦單位再選出優秀二十名小卡內容,利用午餐時間廣播傳遞並公開頒獎。參與人數為全體親師生約 1000 人。這就是品德教育十大推動策略 S7. 將品德教育有系統地融入校園環境及親師生互動之中。

## (六)同舟共濟系列活動(合作)

100 年 10 月 25 日,此活動採班級自由報名方式,競賽內容:四人一組穿上特製大木屐,有默契合作一起往前邁向折返點後,再回到起點,接由下一組同出發,全班採計時賽秒數較少班級為優勝。參與人數為 4-6 年級師生,人數約 500 人。這就是品德教育十大推動策略 S5. 將品德教育有計畫且多元地納入各學科/領域教學之中。

## (七)有品生活美學系列活動(公德)

100 年 10 月 26 日,請一至三年級各班每位小朋友帶家中資源回收的保特

瓶、鐵罐、鋁罐，利用資源回收的材料，在光明館內排出有品生活四個大字，完成後一同大聲宣讀『有品生活』公約，並請各班代表簽署『環境公德』公約的連署書。參與人數為 1-3 年級師生，人數約 350 人。這就是品德教育十大推動策略 S6.將品德教育具體彰顯於校園規章與各類活動之中。

## （八）品德劇團表演

100 年 12 月 23 日、102 年 5 月 7 日，學務處結合太平境教會，進行品德劇團表演，先擬出各式各樣故事劇本（失錢、摘葡萄的人、井然有序……等），以道具、寓教於樂、有趣、詼諧方式呈現，透過活潑生動方式呈現出品德的意涵。參與人數為全體師生，人數將近 850 人。這就是品德教育十大推動策略 S8.以多元方式促進學生品德認知、情意與行動的提升。

## （九）品德小志工服務體驗活動

101 年 10 月 28 日及 102 年 1 月 1 日本校啦啦隊、直笛隊小志工前往臺南市家扶中心、天壇養護中心、私立老吾老院進行表演，提供學生服務機會。這就是品德教育十大推動策略 S8.以多元方式促進學生品德認知、情意與行動的提升。

## （十）品德小種子萌根之旅

101 年 2 月 24 日、102 年 6 月 8 日，光明國小參訪紅瓦厝國小、依仁國小，活動內容包含品德圖書、品德圖卡、情境布置、校園巡禮、品德影片欣賞以及品德搶答等，活動結束回到學校後，請小朋友針對萌根之旅撰寫「戶外教學記趣」及「寫生繪畫」。參與人數共 200 人。這就是品德教育十大推動策略 S4.統整校內外人力、物力與財力，有效推動品德教育。

## （十一）光明好禮運動

102 年 3 月 1 日至 102 年 3 月 31 日，結合臺南聯青社一同推動光明好禮運動。首先印製胸章式認證微笑卡，分發給每一位學生。其次，在活動期間鼓勵每一位學生需將微笑卡夾掛於胸前。學生表現是否符合好禮運動獎勵標

準，統一授權由全校老師直接給予貼紙認證，黏貼於學生的微笑卡上。最後由各班導師，根據學生獎勵貼紙數量與個人綜合表現，推選光明王子與光明公主，提供獎狀及獎品一份以資獎勵。參與人數約 1000 人。這就是品德教育十大推動策略 S4. 統整校內外人力、物力與財力，有效推動品德教育。

## （十二）送愛心到部落

101 年 3 月 25 日至 102 年 4 月 1 日 ，規劃送愛心到偏遠活動（臺東縣海端鄉、新竹縣尖石鄉），學習二手文具及物品再利用，並寫下對部落小朋友祝福的話語。此項活動充分發揮愛心幫助部落小朋友，促進師生與家長之互動，建立和諧校園，凝聚愛人、愛家、愛校共識。人數約 1000 人參與。這就是品德教育十大推動策略 S9. 積極營造具正義、關懷與自主自律等精神的校園文化。

## （十三）教師教案設計與教學

101 年 9 月 30 日至 102 年 1 月 31 日 ，上學期各學年老師設計各年段品德教案，並進行教學實施與錄影，確實將品德融入課程或生活議題當中；下學期預計在 5 月 23 日進行策略聯盟三校教案彙編與分享。人數約 1000 人參與。就是品德教育十大推動策略 S3. 增進教師品德教育知能及其言教與身教功能。

## （十四）學生生活小品

100 年 9 月 30 日至 101 年 1 月 31 日，依低中高年級區分：低年級以繪畫或漫畫呈現品德生活小故事；中年級以相片或文字心得呈現品德小故事；高年級以看時事（新聞、報紙）學品德，預計在 6 月 6 日進行策略聯盟三校學生生活小品分享。人數約 1000 人參與。這就是品德教育十大推動策略 S8. 以多元方式促進學生品德認知、情意與行動的提升。

## （十五）學生品德才藝發表會

以品德為核心的慶祝活動，讓每日辛勞的家長，在這個特別值得慶祝的

日子裡，能夠有機會參與這個別具意義的親子活動。展開「光明國小孝親心、感恩情才藝發表會」，內容平實豐富且將光明品德核心概念充分呈現。就是品德教育十大推動策略 S9. 積極營造具正義、關懷與自主自律等精神的校園文化。

## （十六）參考十大推動策略發展學校本位評估表，進行成效評估與檢討（量化部分）

1. 獎懲記錄：檢核本校學生在日常生活表現中（包含寒假、暑假期間），獲得獎勵及懲戒次數的增減情形。2. 各項比賽及活動場次：透過次數之統計，瞭解本校在推動過程中付出的成效與困境，以及本校與學區國小、家庭及社區的合作方式。這就是品德教育十大推動策略 S10. 建構學校反省與檢核機制，促進品德教育永續實施且提升效能。

## （十七）透過全體行政團隊、教師、家長及學生之溝通、參與、討論及觀察（質性與量化），作為學校未來推動之修正、改進與檢討的依據

1. 定期檢討推動成效：經由會議廣納教職同仁、家長及學生之意見，定期檢討與分析本校品德教育推廣之優劣，並據以作為下次推動之參考。2. 參與及經驗分享：經由此歷程，提升本校親師生對於品德教育推廣之意識，強化師生對於品德的回顧與體驗。 3. 教師觀察與課室討論學生活動表現：透過各項活動參與情形，評估學生在具體行為表現上是否有正向且積極的改變。這就是品德教育十大推動策略 S10. 建構學校反省與檢核機制，促進品德教育永續實施且提升效能。

## 五、分析與檢討

以 SPSS17.0 統計套裝軟體分析全校教職員工生共 925 問卷，以及 Nvivo10.0 版質性分析軟體分析 10 位教師、10 位家長及 10 位學生訪談逐字稿，作為分析、檢討及改進的方向。

（一）教師對品德教育喜愛前六名：光明好禮活動、週一專家學者經驗分享、教師節感恩活動、品德劇場演出、教師品德教學、學生生活小品。

（二）學生對品德教育喜愛前六名：品德萌根之旅、品德劇場演出、品德才藝發表會、教師品德教學、學生生活小品、送愛心到部落。

（三）教師與學生對學校推動的品德教育活動皆感到滿意～非常滿意之間。題項平均數介於 3.02 至 3.85 之間（四點量表）。由此可見學校所規劃的各項教學與活動皆達到一定的成效。

（四）以 t 考驗進行性別（男女）統計分析，各題項皆未達顯著水準，可見學校推展的各項活動在男女同學之間沒有差異，普遍受到同學所喜愛。

（五）以單因子變異數分析進行年段（1～6 年級）統計分析，結果顯示部分題項達到顯著差異。經 Sheffe 事後比較後發現：在學生才藝發表會、品德劇場、教師品德教學、學生生活小品等題項，低年級喜愛程度明顯高於高年級學童。

（六）以單因子變異數分析進行年段（1～6 年級）統計分析，結果顯示部分題項達到顯著差異。經 Sheffe 事後比較後發現：品德志工服務與體驗、品德萌根之旅、送愛心到部落等題項，高年級喜愛程度明顯高於低年級學童。

（七）學生反應本校品德教育有趣且具有意義：質性訪談發現本校品德教育不但融入教學，且安排方式有趣且生活化，深獲學生喜愛，突破以往傳統品德教育教條式刻板印象，這樣的活動與教學對學

生才具有意義。S1：學校舉辦的品德教育活動十分有趣，也讓我學到很多人生道理。S10：讓我最難忘的是，幫老人家按摩，因為讓我想起過世的爺爺。

（八）教師回饋本校品德具有潛移默化功能：質性訪談發現本校推展品德教育之後，學生逐漸調整很多不適當行為，透過這麼多元的方式確實讓學生能夠感念、感恩到感動。T5：很多學生確實會從品德活動中逐漸潛移默化，慢慢改變自己的態度。T7：品德教育要落實，需要更多實踐活動，讓學生能夠感動，希望未來能加強此項目，讓品德教育發揮更大效果。

（九）家長認為本校品德教育不但結合家庭教育，甚至將社區、策略聯盟學校納入，確實改變學生不良的習慣與行為，逐漸培養學生正確價值觀。P2：家長本身也要「以身作則」，品德教育才會有意義。P3：希望學校要結合社區資源，像愛心社區人士或結合附近學校，持續推動品德教育，培養學生正確價值觀。P4很謝謝學校品德教育團隊的付出與努力，看到家中小孩一點一滴改變，真的很欣慰，也很高興。

## 六、結語

以研究作為各項教學與活動改進的依據，並持續朝向精緻化的光明品德推展深耕邁進。

（一）本校品德教育具有高度成效，深獲全校親師生及社區肯定。

（二）本校品德教育採高倡導、高關懷、高授權、創造感動的課程領導策略。

（三）本校品德特色課程立基於多元活動與落實班級教學優勢上。

（四）品德校園文化的形塑需由基本假設指引（6E教學法＋十大推動策略），落實至器物創設。

（五）與家長社區及聯盟學校建立夥伴關係（光明里、大平境教會、台南聯青社、大光國小、紅瓦厝國小、德高國小）是本校推動品德教育的策略聯盟方法。

（六）本校採行互動式行銷並加深加廣現有教學活動，以達品德資源整合目的。

（七）透過多年期教學與研究，以驗證本校品德課程與教學領導團隊所規劃 6E 教學法及十大行動策略，確實為有效可行之品德教學策略。

【本文取自王全興（2013）。以 6E 教學法及十大行動策略落實品德教育之推動：以一所學校為例。台灣教育雙月刊，683，36-44。】

# 校園霸凌<br>行為的類型與因應策略

## 一、前言

　　學校應該是個可以讓學生快樂地學習、家長無需擔憂孩子安全的環境，然而事實卻不然。同學之間的開玩笑，言語的怒罵，肢體上的衝突，這些校園學生霸凌行為即是學生展現自身權力一種方式，這種攻擊行為，雖然常被定義為學生的「惡作劇」，被大人們所包容或忽視，但卻對被害者造成極深的傷害及無法抹滅的陰影。實際上，校園暴力長久以來一直存在於校園，但由於校園暴力事件日趨普遍化與惡質化，才成為政府與民眾矚目的焦點。根據黃嘉芬（2013）所述，校園暴力有惡化的趨勢，其中包含：發生的時間、地點普遍、手段愈加殘忍、教師成為被害者的案件、以及愈來愈多對道德規範、法律制裁的漠視。

## 二、校園霸凌行為的類型

　　校園霸凌行為以諸多形式呈現，Rigby（1996）將霸凌行為以兩個層面來分類，分別為「直接／間接」、「身體／心理」。霸凌行為可以分為「直接」與「間接」兩種，所謂直接霸凌是以明顯且公開的方式攻擊受害者──言語霸凌、肢體霸凌、姿態霸凌、勒索和網路霸凌；間接的霸凌則以較不易發現、無形的方式進行攻擊──透過自己在群體關係的力量去傷害他人（江文慈，民93；李淑貞譯，民96；Rigby,1996）。這些霸凌行為亦可分為「身體」與「心理」兩種，身體的霸凌包括打、踢、拉扯、碰撞等；心理的霸凌包括言語辱罵、被冠上不雅綽號、以姿態恐嚇威脅、散播傷人謠言、排擠孤立等（江文慈，

民 2004）。

兒福聯盟（2007）將霸凌分成以下五種類型，茲簡述如下：

## （一）肢體的霸凌

這是所有霸凌中最容易辨認的一種型態，它有著相當具體的行為表現，通常也會在受害者身上留下明顯的傷痕，包括踢打弱勢同儕、搶奪他們的東西等。

## （二）語言的霸凌

遭受他人運用語言刺傷或嘲笑。這種方式很容易使人心理受傷，既快又刺中要害，雖然肉眼看不到傷口，但它所造成的心理傷害有時比身體上的攻擊來得更嚴重。

## （三）關係的霸凌

受同儕排擠，被排拒在團體之外，或是被切斷社會連結。這一類型的受霸凌現象往往也涵蓋受言語霸凌的層面，亦即遭受不實謠言的散播，或是被排擠而必須離開某個團體。

## （四）反擊型的霸凌

這是受霸凌兒童在長期遭受欺壓之後的反擊行為。面對霸凌時通常生理上會自然的予以回擊，但有時候受霸凌者為了報復，便會對著霸凌者口出威脅，或另外找機會報復，也有部分受霸凌兒童會轉而去欺負比他更弱勢的人，這都屬於反擊型霸凌。

## （五）性霸凌

類似性騷擾，霸凌者以與性有關或利用身體部位來開玩笑，嘲諷或譏笑他人的性別取向（例如：娘娘腔、男人婆等）。甚至是身體上的侵犯行為，例如觸摸他人性器官，或強逼迫性行為等。

此外，隨著科技的日新月異，更有學者提出網路霸凌（cyber bully）的概念。朱美瑰（2008）指出，網路霸凌即指利用 Cyber-space 此類平台（如即時

通、手機、e-mail、BBS、部落格、聊天室、留言板等），傳送或張貼令人難堪、嘲諷及辱罵他人，或種種不堪入目的任何流言蜚語和圖像，利用網路虛實難辨的特質，致使這些訊息廣泛流傳於同儕或不相識之一般大眾，企圖利用 E 化制裁之公審與發訊來源的難覓，促使被害者心生懼怕、羞憤，以達中傷他人之目的。國際易普市場調查研究機構（Ipsos Social Reserch Inst）公布：澳洲學生在社群網路如臉書網站所受到網路霸凌的情形嚴重。其中 10 對父母有 9 對表示，他們的子女或熟識朋友的小孩都曾經歷過網路霸凌的經驗。

其中依照其霸凌的程度，可再細分為以下三類（引自兒童福利聯盟，2007）：

## （一）網路小搗蛋

利用在網路上的部落格或即時通訊軟體，發表或散佈一些有攻擊性或傷害性的文字，雖然他覺得只是開玩笑，但可能已經對他人造成傷害而發佈者仍不自知。

## （二）網路小混混

已達到經常性的發佈各種不實謠言、攻擊或排擠他人的文章，其行為已經過當，需要多加管教約束者。

## （三）網路小霸王

重複多次的在網路上做出傷害人的舉動，且其行為可能已經有觸法之虞，甚至已經觸犯法律者。

身體的霸凌較顯而易見的，亦可以馬上被看見及察覺；而言語、心理或性方面的霸凌是較不明顯的、間接的、不經由仔細且長期的觀察或由被霸凌者告知才可能被發覺。許多研究發現最為常見、讓學生感受最深以言語霸凌為主，因為言語攻擊行為可瞬間發生、具有隱密性且不易被大人察覺，兒童可以避免被發覺和處罰，因此發生頻率高（洪福源，2003；黃妙玟，民2008）。

現今社會的複雜與價值觀的扭曲，加遽了在校園的每個角落各種不同類型霸凌行為的發生頻率及傷害程度，使得一向教師認為單純，家長覺得放心的校園，正面臨著前所未有的衝擊，因此校園中的老師、學生及家庭裡的家長，對於霸凌的類型及其影響，都應該有更深的了解。

Rigby（1996）將霸凌行為以兩個層面來分類，分別為「直接/間接」、「身體/心理」，本文包含明顯可見的身體層面及不易察覺的心理層面；兒福聯盟（2007）將霸凌分成五種類型：肢體的霸凌、語言的霸凌、關係的霸凌、反擊型的霸凌及性霸凌，此外，朱美瑰（2008）提出網路霸凌的概念，指出網路霸凌即指利用 Cyber-space 平台，傳送或張貼令人難堪、嘲諷及辱罵他人，或種種不堪入目的任何流言蜚語和圖像。

由上可知本文將校園霸凌及受凌情形區分為隱私霸凌及受凌、嘲罵霸凌及受凌、肢體霸凌及受凌、聯合霸凌及受凌。

## 三、校園霸凌行為的因應策略

為了解決隱私霸凌及受凌、嘲罵霸凌及受凌、肢體霸凌及受凌、聯合霸凌及受凌，學校可以採行的策略如下：

### （一）校園霸凌行為需正視、立即處理及事後追蹤輔導

學校行政人員若面對發生之校園霸凌行為，除了即時處理，更應該著重後續霸凌者與受凌者的輔導。因此學校行政人員應強化輔導機制，更應該建立輔導資源網絡，當遇學校輔導教師無法處理之情形，可求助於更專業之輔導資源，有助於霸凌者之行為改變及受凌者之創傷復原，將校園霸凌行為的危害降至最低。

### （二）加強宣導申訴方式並暢通申訴管道

有些受凌之學生，可能因同儕壓力、個性內向或受到霸凌者威脅恐嚇……等因素，對於受凌行為產生求助無門的窘境。如此將更助長霸凌者之氣焰，

而校園霸凌行為將如野火燎原般不可收拾。因此行政人員對於反霸凌申訴管道應加強宣導，並暢通申訴管道。如此一方面對於受凌學生可以提供申訴，對於霸凌者欲對同儕施加霸凌行為亦有相當之嚇阻作用。

## （三）瞭解霸凌事件來龍去脈，進行責任釐清

學校行政人員若面對發生之校園霸凌行為，應深入了解，勇於面對，積極處理，不應消極的僅止於安撫受凌學生，姑息霸凌學生。如此等於變相鼓勵校園霸凌行為，將使霸凌行為更加猖獗。面對發生之校園霸凌行為，學校行政人員應積極了解霸凌事件之來龍去脈，對於霸凌者與受凌者應有責任釐清與追蹤輔導的機制，讓霸凌者負起該承擔之責任及行為之改善，受凌者得到良善的輔導弭平身心靈的傷害。

## （四）發展性別平等教材編製，減輕兩性之間霸凌發生

學校可以發展性別平等本位課程。學校教師是「課程實施」人員，同時也是「課程的行動研究」人員，其行動研究可以包括課程內容的創新、教學方法的使用、師生互動，以有利於學生的學習成效（蔡清田，2009）。經由學校或班級教師編寫性別平等教材，落實每學期或擇時機會教育融入教學，並加強性別平等教育的宣導活動，提升學生本身性別平等觀念的點，營造班級性別平等的線，進而建構學校性別平等的面，相信透過教材編製、融入教學、加強宣導，全面提升全校學生對性別之間的尊重，應可減少因性別差異而造成校園霸凌問題。

## （五）舉辦夏令營、冬令營，營造團體合作氛圍

當學生擁有良好的人際關係時，較容易與他人建立及維持友誼；而當個體出現人際關係困難時，將難以和他人建立友誼，較容易霸凌別人或遭受霸凌。因此透過優質學生育樂營，讓學生打破班級同儕的限制，擴展並建立學生優質的人際關係，應能降低校園霸凌行為。

## （六）組成班級小團體培養學生人際關係

人際關係、學業成就達到影響臺南市國中學生之校園霸凌行為的顯著差異。所謂：「蓬生麻中，不扶而直；白沙在泥，與之俱黑。」因此導師可以成立班級小團體，透過班級小團體培養學生的人際關係，運用此時期學生重視同儕的心理，發揮同輩之間輔導的方式，鼓勵其見賢思齊，亦可運用小團體間小老師之模式提升學習效果，提高學生之學業成就，相信可以減少校園霸凌行為的產生。另外在班級中亦可考慮使用讀書治療方案，透過班級讀書治療方案來提升學生反霸凌之認知（胡光倩，2011）。

## （七）透過親師座談、溝通及合作，強化家庭教育功能

學校可以舉辦親師座談並宣導家庭教育的重要。透過親師座談讓親師交換心得，共同合作關心孩子，陪伴孩子成長。對家長宣導家庭教育，透過宣導，讓家長明瞭家庭對孩子成長的重要性，期盼家長能營造夫妻之間、親子之間、手足之間的和諧相處，以及如何正確管教孩子的方式。在影響校園霸凌行為的家庭背景因素，透過學校宣導、家庭做起，應能減少孩子的偏差行為，亦能降低校園霸凌行為。

## （八）落實家庭訪問，深入瞭解學生問題

導師可以以落實家庭訪問的方式，一方面可以透過親師合作輔導學生，也可以了解學生的家庭狀況給予學生必要的協助，甚至可以透過家庭訪問對家長宣導家庭教育的重要並提供教養孩子的正確資訊。因此加強親師合作、落實家庭訪問將能有效減少學生的偏差行為，進而降低校園霸凌行為。

## （九）教育當局辦理管教方式研習或進修的機會，鼓勵老師增長專業知能

教育當局或學校可以舉辦導師班級經營之相關研習，師資培育機構開設導師管教方式之學分供現任教師及未來之教師修習，並培育班級經營之種子教師，加強導師班級經營之知能。使每一個學生展現活潑生動的外貌，提高其對於學校和班級的團體歸屬感，讓大家能合作完成整體的目標，造就出一個沒有被排擠，又無疏離感之班級情境（吳新華，1992）。藉此提升導師管

教學生的正確觀念及手法，期望透過導師對學生的關心，分享學生的心情，營造師生間的優質互動與彼此信任，以減少學生之偏差行為的產生，自然對校園霸凌行為的改善多有助益。另外若是已發生之校園霸凌行為，透過師生間的優質互動與彼此信任，導師更可早期發現、防患未然。

## （十）導師應實施正向管教，關心學生、營造良好師生互動

導師應以正向管教的方式經營班級，則將減低學生偏差行為的產生；視學生如己出，對學生多一點關心，則學生對老師的諄諄教誨更能謹記在心且身體力行；營造良好師生互動，學生願意和導師分享自己的心情感受、生活點滴，則導師對於學生間互動亦能瞭若指掌，防患未然。而老師亦可透過6E創新教學策略，統整正式課程、非正式課程、潛在課程等，便可發揮言教、身教與境教功能，讓親師生共同體現品德核心價值，建立品德本位校園文化之特色（王全興，2012）。因此教育工作者（特別是擔任導師職務者），若能正向管教、關心學生、營造良好師生互動，加強品德教育，相信校園霸凌行為將日趨式微，營造快樂學習、零霸凌的友善校園。

【本文取自王全興、黃嘉芬（2014）。校園霸凌行為的類型與因應策略。台灣教育雙月刊，685，46-49。】

參考文獻：

王全興（2012）。6E 教學在品德教育上的應用。**師友，540**，45-49。

朱美瑰（2008）。網路犯罪新型態～看不見的拳頭：青少年網路霸凌現象初探。**諮商與輔導，268**，6-10。

江文慈（2004）。正視校園中的欺凌事件。**諮商與輔導，221**，6-10。

吳新華（1992）。掌握班級經營之鑰 -- 班級適應狀況的蠡測。**師友，297**，50-52。

李淑貞（譯）（2007）。O'Moore, M. & Minton, S. J. 著。**無霸凌校園：給學校、教師和家長的指導手冊**。台北市：五南。

兒童福利聯盟文教基金會（2007）。**國小兒童校園霸凌（*bully*）現況調查表**。2016 年 8 月 20 日，取自 http://www.children.org.tw/

洪福源（2001）。**國中校園欺負行為與學校氣氛及相關因素之研究**。國立彰化師範大學教育學系碩士論文，未出版，彰化縣。

胡光倩（2011）。**班級讀書治療方案在提升學生反霸凌行為之行動研究**。國立嘉義大學輔導與諮商學系研究所碩士論文，未出版，嘉義縣。

黃妙玟（2008）。**父母管教方式、收看暴力電視節目與校園霸凌之相關研究—以台南縣國小高年級學童為例**。私立銘傳大學教育研究所碩士在職專班碩士論文，未出版，桃園縣。

黃嘉芬（2013）。**臺南市國中學生校園霸凌行為之研究**。台灣首府大學教育研究所碩士論文，未出版，台南市。

蔡清田（2009）。課程研究與課程實驗。**教育研究月刊，182**，109-120。

Rigby, K. (1996). *Bullying in schools: And what to do about it* . Bristol, PA:Jessica Kingsley Publishers.

# *11* 學校面對
## 特殊學生應有的思維與策略

## 一、前言

　　近年來由於台灣經濟建設的豐碩成果，帶來社會的繁榮與進步，教育事業突飛猛進，特殊教育亦逐漸受到重視，經由社政、教育、醫療等單位之合作，除積極立法外，並已建立完善的特殊教育行政體系與制度。教育部於民國八十四年十二月提出「中華民國身心障礙教育報告書」，揭示我國特殊教育政策所秉持的理念（邱上真，2002；教育部，1995），包含 1. 零拒絕的教育理想；2. 人性化的融合教育；3. 無障礙教育環境；4. 適性化潛能發展；5. 關鍵性早期療育；6. 積極性的家長參與；7. 協同式的合作關係；8. 彈性化的多元安置；9. 支持性的自立自強等。特別的是筆者於國小服務二十餘年，發現目前過動兒、情緒障礙學童比例逐年偏高，造成教師班級經營諸多困擾，為了避免上述狀況日益嚴重，特將個人累積的經驗與見解顧列於下。

## 二、學校面對特殊學童應有的思維

### (一) 雙向溝通、積極面對

　　特殊學生在普通班就讀，任課老師及班上同學需付出加倍的愛心與耐心，班上的家長亦要有心理準備，認識並接受特殊生在教室共同學習。老師需向班級家長及同學確切說明特殊生的狀況，避免因不了解而造成誤會。

### (二) 事發時的處理

　　萬一特殊學生影響學習或是和同學發生衝突事件，學校須立即支援，保

障其他同學受教權，亦讓第一線的老師不會感到孤單無助，因應方法如下：

1. 安撫情緒：針對班級家長、同學及老師情緒，以同理心聽其陳述，暫時緩和其情緒並接受其陳情。

2. 成立小組：由學校中相關單位成立處理小組，聘請資深或有經驗的同仁協助老師，共商解決策略。

3. 查明真相：先了解事件發生原委，真相非常重要，必要時查問同學及相關人員，各自找出雙方的優點、盲點及差異點，確認雙方認知，若有需要則分別請老師及學生進行個別晤談。

4. 溝通協調：協調雙方都可以接受的作法，肯定教師教學熱忱，提供教師教導學生的策略，以建立共識。

5. 人力資源整合：透過非正式方式，邀請家長會長或地方仕紳進行良性互動，將阻力變成助力。

6. 家長再教育：讓全體家長知悉學校處理過程，請家長繼續對班級支持與關切，讓家長感受到學校的重視並會妥善處理。

7. 追蹤輔導：於班親會後，繼續關心該班老師對學生的態度，並鼓勵老師與家長建立共識，保持良好互動關係，共同為學生的學習盡心盡力。

8. 檢討紀錄：對於事件的處理模式加以檢討，並於適當時機供學校同仁機會教育，避免類似情形再次發生。

## 三、學校面對特殊學童應有的策略

面對班級特殊學生，第一線的老師及學校行政的態度非常重要，老師的言談舉止，學校行政的關懷支持，都會影響家長及學童對個案的態度，甚至導致雙方衝突。筆者認為，應從以下幾個策略著手：

### (一) 正向思考、真心接納

教師應尊重孩子個別差異，樂於接受挑戰，經驗的累積是自我成長的最

佳契機。

## (二) 營造友善關係

以謙卑的態度,平權溝通、積極主動,營造親師良好關係。

## (三) 溝通的藝術

如家長干涉太多,可適度迴避,原則要把握,方式可彈性。

## (四) 善用溝通橋樑

班親會、班級網頁、家庭聯絡簿、家書、班刊、電話、手機簡訊……等,都是很好的溝通管道與資源。

## (五) 建立學生基本資料

學生每次發生的人事時地物與處理情景,詳實記錄並建立其基本資料與處理結果,以充分掌握過往經驗,最後需隨時補充之。

## (六) 充實特殊教育專業素養

利用研習或進修,隨時吸收新知,充實教學技巧及輔導知能,精進班級經營的能力。

## (七) 尋求專業協助

學生家長配合學校安排,帶至醫療機構就診,並定期接受心理師諮商。

## (八) 不同學生、不同處理方式

依據輔導管教辦法規定,任何特殊學生的情緒行為問題,不能送懲戒委員會,而應回歸個別教育計畫討論,所以學校方面對學生犯錯時,應有不同處理及運作方式。

## (九) 親師生共同精進與成長

家長、師生共同關懷、接納、協助特殊學生學習,主動尋求諮詢服務,爭取認輔老師的協助或相關問題諮詢,做出對於學生最有利的處理。

## 四、結語

　　傳統的教育生態、教育模式、師生互動、親師關係都已隨著社會變遷，有著重大改變。近年來，資訊發達教育水準提升、個人主義抬頭、再加上少子化的影響，父母教育權伸張，教師專業受到空前的挑戰，面對愈來愈多的特殊學生，身為教育工作者無論是擔任教學或行政工作，大家都是命運共同體。「不放棄任何一個孩子，把每個孩子帶上來」，不是敷衍的口號，而是神聖的使命，班級有特殊學生，讓普通學生可以有更多機會認識特殊學生，進而付出關懷及尊重，共同協助其學習、成長，將「零拒絕、無障礙」的特教理念發揮到最大境界，是身為教育工作者責無旁貸的責任。最後，教育就像是【點一盞燈】，而不是「補一個洞」；當老師用心地為孩子們點亮一盞燈時，就可以『用愛的今天，點亮孩子的明天』！

【本文取自王全興、蘇湘茹（2012）。學校面對特殊學生應有的思維與策略。
　　　新北市教育季刊，5，73-74。】

參考文獻：

邱上真（2002）。**特殊教育導論：帶好班上每位學生**。台北：心理。

教育部（1995）。**中華民國身心障礙教育報告書**。台北市：作者。

教育思想起

看見老師、學生核心素養

【能力】教學實做

# 1 飛上彩雲——
談教育雲的概念及其在教學上的應用

## 一、前言

　　所謂「教育雲」，係指利用雲端可無限延展的軟硬體及貯存設備，把書包、教材、補充資料、學習單、測驗卷等對學生學習效果有顯著效益的資訊置在雲端資料中心處理，透過雲端桌面服務的方式傳送給老師與學生。這種直接將教材嵌進學生雲端書包內，學生回到家，只需利用家裡的上網設備即可打開自己的雲端書包做功課；甚至未來課堂上有數位講桌、電子白板、電腦等各種教學用途電子終端裝，由此顯現未來是「教育雲」的時代，教育資源都會放在雲端裡。國家教育研究院長吳清山也指出，未來教育朝向「學習三端」的概念發展，即「遠端教學」、「雲端資源」及「尖端學習」，遠端教學是透過網際網路學習，雲端資源指的是教材，而尖端學習是透過網路得到最新知識，了解全世界目前頂尖的發展。

## 二、教育雲在教學上的應用

### （一）提供靈活的教學環境

　　由於學習者不需要待在固定的教室或者電腦教室前，就可以讓學習者的選擇權增加，讓教室的組成與配置更具彈性，無疑提供了一個靈活的教學環境。目前上網的設備與資源愈趨普遍，有愈來愈多系統功能能讓學生、教師及家長互相溝通的機會，過去只能在學校中獲取的知識與技能，現在透過雲端資料處理中心就能夠在任何地方擷取。除了給在家受教的學生更好的資源，在校上課的學生亦可運用這項系統在家瞭解和進行更多關於學校的課業，這

也意謂著教師及家長更能掌握學生的學習活動與學習表現，並能進一步雙向溝通。

## （二）縮短親師生與教材距離

教育雲似乎愈來愈重視與聚焦在一種新的方式上：讓學習者與學習環境變得更栩栩如生，拉近了學習資源與學習者之間的距離，縮短了時空所造成的數位落差。教育雲讓資料能隨時存取，取代了傳統學習策略的教學方式，目前強調的重點可著重在發展品質更好的虛擬實境（Virtual Reality）或擴增實境（Augmented Reality），讓學生宛若與教師或訓練人員面對面授課一般，並能將各種抽象或符號以更具體或如現身實境般的樣貌，幫助人們彷彿置身於同一個地點或在教室裡來進行學習。

## （三）提供有效的學習資源

長久以來，臺灣中小學生普遍面臨教科書課本和課外參考書過多過重等問題，導致書包重量過重嚴重影響青少年的成長發育，因此在可以見到的未來，推行教育雲是減輕學生書包負擔的可行途徑之一。另一方面也由於科技進步日新月異，E化和3D資訊媒體應用在教學已經突破平面教學媒體的限制，透過類化連結或是聚斂歸納等方式的應用更能滿足學習者適應個別差異的需要，提供學習者更明確的分析和理解，這使得紙本的教科書面臨重大的挑戰，電子白板、電子課本、電子書包、網路學習、線上測驗、電子教學資源庫以及電子教材資料庫將成為未來教科書發展的重要方向，也勢必提供及時且有效的學習資源。

## （四）提升學習者的學習興趣

教育部在2009年積極推動5所學校的電子書包試辦計畫，電子書包可以依照老師上課需求運用於輔助教學，像在國語、英語、數學、社會和自然與生活科技等學習領域的運用就極為普遍（教育部，2009）。而且，只要透過網路連線到學校設計好的教學平臺資料庫，還可下載超過1,000種各學習領域

的輔助教學軟體，如情境體驗、互動式繪本、教學影片等，甚至是目前最流行的臉書（facebook）也能成為教材內容的一部分。除此之外，學生也可以透過「線上讀書會」即時在網路上分享讀書心得，這類運用網路與科技雲端桌面服務方式，應用於教師的教學，預估可以提高學生的學習興趣和學習成效。

## （五）統整教師有用教學資源

雲端技術在教育上的應用近年在歐洲與美國有突破性的進展，英國、愛爾蘭等在這方面發展頗為快速。至於美國，現今許多大學正在實驗電子教科書。這些地區的政府機構花費相當多的人才、時間和經費努力將不同互動功能、多媒體、教學資源與教科書內容整合，讓教師可利用電子化行動載具進行師生互動的教與學，此一創新的應用方式，不僅協助教師整合所有的學習資源，並且提供教師自己製作、編排教學內容的功能，更提升了學生的學習成效。但是雲端書包中的資訊也必須考量學生年齡和心智發展而有不同的設計，才能針對不同年齡的學習需求，有效發揮資訊科技的應用與影響。


## 三、結語

在網際網路快速的竄起與全球資訊網的蓬勃發展之際，為多元化的教學開創嶄新的環境。教育雲不受時間、空間限制的因素，提供學習者各種不同的溝通方式與多媒體、超文本的內容型態特性，讓師生跨越封閉的教室與校園、增加人與人之間的互動、以多樣的觀點進行討論、存取或檢索豐富的資訊等，教育雲正逐漸地衝擊教育現場的教與學、教材、情境脈絡、甚至組織結構與文化層面的轉變。但回歸到資訊科技應用於教學的目的為何？最根本的還是要每位學生獲致有效、最佳的學習。

當樂觀地宣稱透過教育雲的採用，可以重新定義學習意義，可以呈現更好的教與學方式之同時，我們必須瞭解任何一項科技的產生與發明，都需要考慮各項配套措施，譬如：（一）架構教育雲的成本因素，科技（軟體、硬體）、

傳送（傳送擷點費用）、維護（維修與更新設備）、基礎建設（基礎網路及電訊基礎建設）、製作（技術及人員支援、發展、採用教材）、支援、人員等；（二）教師專業發展部分的教育哲學、課程設計、教材教法、學習評鑑、作業指導、親師溝通、檔案管理、補救教學等意願和能力也必須因應教育雲的使用予以調整修正或是培訓提升；（三）透過研究瞭解教育雲的益處，並事先規劃在教育場域上可運用的方式與策略，具體落實在未來教育現場當中；（四）常保有批判反省的態度，正視教育雲衍生的問題（種族、階級、性別、新住民、身心障礙、經濟文化不力等）；（五）教育主管機關應減緩數位落差，建立永續資訊教育發展理念等，方能讓資訊科技在最適當的地方、最適宜的時機，以及有效的融入，以達成最佳的成效。如何透過親師生共同的參與、互助合作、引發興趣、重視自主中，結合教室雲的資料中心，幫助學習者了解全世界目前頂尖的發展，透過網路獲得最新知識，將是我們未來仍須持續努力的目標。

【本文取自王全興（2013）。飛上彩雲－談教育雲在教學上的應用。新北市教育季刊，6，83-84。】

# 2 課程慎思的意涵及其在教學現場上的應用

## 一、前言

自從 Schwab 發表「實踐系列文章」(Practical 1-6)，不僅揭櫫實踐探究的主張，也引發對傳統課程理論化的反省；「慎思」是作為實踐的方法，運用「折衷藝術」發揮理論效用，建立課程決定的合理性，解決教育實踐者所面對的課程問題，以改善並提昇教育實踐的品質（Schwab, 1978）。教育實踐者－教師，在面對社會變遷與獨特教育情境、教育對象、學科與環境下，透過課程慎思，作出明智決定，付諸實踐，可以轉化理論觀點，促進教育實踐的品質，正是提昇教師專業發展的關鍵。

Reid（1978, 1979）持相同的看法，他認為：課程問題都是非常複雜的，一定要詳加爭論，要採取行動，而且做決定所依據的基礎是不確定的，所以課程問題是實際的問題，慎思是處理這些問題的最適當的過程。 課程問題大部份都要在學校或班級層次解決，因為情境的差異，如人員－教師、學生、行政人員的差異，及資源、領導、期望、文化、價值、學校氣氛和任務詮釋的差異，一般化的答案不能適用於每一間教室，再者現場的教師或行政人員參與課程發展，他們可以立刻學習，能在自己的學校或教室有效的實施。

McCutcheon（1999）亦強調：慎思不是課程理論家設計、發展課程的奧秘的模式，而是教育者解決問題的實際方式。慎思是做決定的過程，教師覺知問題，並在衡量各種可能的變通方案，思考各種答案的結果中，選擇最適當的答案，並採取行動。但慎思不是直線的過程，教師一直在重新架構問題，再思考，再選擇，再行動。所以慎思是社會性的建構課程知識，以解決實際

問題的過程。

由上可知,課程慎思（curriculum deliberation）是一種訓練有素的對話藝術,是一個作決定的過程。教師在學校中覺知課程問題,擬訂各種可能的變通方案,權衡每一個方案的利弊得失,經深思熟慮以後,選擇最適當的答案,並採取行動,以解決問題（歐用生,2003）。Schwab（1978）認為:課程問題不是程序的問題,即不是採用獨特的、合適的法則或技巧就可以解決的問題;解決課程問題要依據手段和目的之間的交互作用,而達成這種交互作用的過程就是慎思或實際推理（practical reasoning）。

## 二、課程慎思的特質

課程慎思意指在一特定情境中,審視目的與手段之間複雜的交互作用,以決定或發展出合適的課程。透過課程慎思的過程,能使師生在課堂討論當中,進入有價值的真實對話,促成不同視野與觀點的激盪,使學生與社會產生關連,共同浸入教室或生活的歷程當中（Schubert, 1986）。透過對話與社會協商過程共同經驗不同的生活事件、專業對話、學科研究、教學討論,深刻體驗實際的生活,並批判反省重要的社會議題（McCutcheon, 1995）。

Schwab（1983）認為課程必須由理論轉為實用,再轉化為準實用的（quasi-practical）及折衷的（eclectic）,在執行課程發展任務時,採取預期性另類方案的措施,以慎思籌畫過程作為方法,廣泛地考量不同方案,同時以多元觀點檢視一個方案,詳細地瞭解該方案對課程造成的各種後果,然後將優點加以相互調適（mutual accommodation）,以產生所謂折衷的藝術（eclectic art）。

課程慎思有個人（solo）慎思和團體（group）慎思兩種,個人慎思發生於教師教學前（preactive）計劃,教學中（interactive）,和教學後反省（postactive）,依據反省,改變下一個教學前計劃和教學。新手教師為克服其不安定,備課較多,故比資深教師更明顯;這個過程偏重教材多於學生和

教學中的發展。教師計劃通常是依據他們的行動理論，如他們對兒童該學甚麼、如何學習，教室如何組織，教材如何結構化，班級紀律等的信念。團體慎思由於眾聲喧嘩，理念紛陳，產生更多的對立，更能真正考驗各種選擇方案的優劣，以為決定和行動的依據（歐用生，2003；McCutcheon, 1995）。團體課程慎思較個人課程慎思呈現更多的聲音與想法，因為衝突便會有更多真實備擇方案的產生與檢視。然而，即便是個人慎思，教師仍能構想備擇方案，且決定時三心二意，衝突便會產生。

## 三、課程慎思在教育現場上的應用

### （一）課程是由師生共同討論建構而成，絕非個人一家之言

課程慎思是一種實際課程的探究（practical curriculum inquiry）。透過集體對話的智慧，反思以前的工作歷程及成果，並決定下一步應該作些什麼，課程慎思的歷程隱含著強烈的價值判斷，所以慎思的歷程必須以問題為中心，透過師生共同討論建構而來，所以討論的歷程是自由的，但是參與對話的每一個參與者必須提出可行的實踐方案，才不會流於各自表述，而沒有會議的共識。教育人員面臨的挑戰是多樣與複雜性的，課程工作者創發的教學環境必須回應學生的多樣性，另一方面轉移或轉化成為現代公民的文化，所以課程必須允許不同社會與文化彼此之間交織融合，絕非教學者個人一家之言，方能滿足所有學生的需求。

### （二）透過慎思籌畫階段與方法，將課程計畫（理論）轉化為實務（實際）

在教室層級的課程實施當中，教師的課程計畫在轉化課程時扮演核心角色，使教師必須在知識與課程間進行適切地調適，亦即各領域教師需針對各班學生的特性與程度，進行課程的轉化。由於課程決定是課程發展過程的核心，涉及在各種變通方案中做出合理的決定，課程慎思正是促成合理課程決

定的方法，它透過實踐推理、辯明問題、反覆考量目的和方法的關係，均衡考量學科、學生、教師和環境等共同要素，廣泛考量變通方案，有效而合乎道德地解決問題。亦即，從課程規劃、設計、實施到課程評鑑，皆須歷經課程慎思的過程，以確保學生學習成效與品質。

## （三）廣泛考量不同課程要素，激盪多元觀點與視野

　　Schwab（1978）提出四個課程共同要素：教材、學習者和學習過程、教師和教學過程、教學環境（milieu），如校長、父母、家庭價值、電視媒體等，Reid（1979）則將其延伸為五項，增加課程編製。然而，與程序不同的是：它不須將方法當成一種事先就可以詳述的步驟，其會有所變化的，但也不須將方法從既定的目標中分離。在發展課程慎思過程中，這幾項課程共同要素皆須列入考量，然而沒有一種課程不涉及到人的利益，但仍須受道德的導引，故要對課程問題採取道德的行動，以滿足教育主權者的利益，共同要素是解釋課程問題的過程之相關知識，它們都將授課者必須滿足的利益帶到慎思的過程中（歐用生，2003）。且無論個人或團體課程慎思，課程慎思都是課程決定的核心過程，應包含正確感知、真相判斷、價值判斷、產生變通方案，以及提案等過程 (Reid, 1978)。

## （四）將課程慎思視為一種實踐，以解決當前遭遇問題

　　課程是一種實踐，然而課程實踐的方法無法單純從理論演譯或歸納而來，而是在具體情境中做決定所得而成。由於具體情境可能需涉及理論原則，因此課程慎思適用於處理具體情境中的問題，課程慎思同時處理目的與方法，而目的與方法是相互決定的，因課程設計始於各種意識形態的課程立場（platform）、終於設計、過程則為課程慎思，且目標和手段並不截然分開，兩者皆可納入課程立場的意識形態中（Walker, 1979）。課程發展包含課程決定的互動和協商，運用課程慎思能將目的與方法相關內容提出，並置於具體的課程發展個案中，以追求理想的課程決定。

## （五）藉由教師自我省思以及同儕互動回饋，提升教師專業發展

在課程發展過程中，由多位教師或專家學者共同為解決教育問題而深思，能迅速提升專業知能。學校層級的團體慎思成員，可由校長、主任、社區代表、家長會成員、教師、學生組成人數適當的課程小組，由課程領導者身先士卒並管理，深切理解課程慎思的意涵與步驟，以口頭、書面、電子郵件、視訊媒體、網路交談等多元管道進行互動。或許參與的人有不同的知識背景與價值判斷，可能有所衝突，但經過協議、對話、調整、抉擇、尋找有效可行課程方案，最後朝向建立全體課程共識邁進，在這樣過程當中教師不僅能自我精進，亦能擴展彼此視野，提升全體成員專業發展與成長。

參考文獻：

歐用生（2003）。課程慎思與課程領導。**邁向課程新紀元，15，**35-49。

McCutcheon, G. (1995). *Developing the curriculum: solo and group deliberation.* NY: Longman.

McCutcheon, G. (1999). *Deliberation to develop school curricula: Understanding democratic curriculum leadership.* Teacher College, Columbia University.

Reid, W. A. (1978). *Thinking about the curriculum: The nature and treatment of curriculum problems.* Boston: Routledge & Kegan Paul.

Reid, W. A. (1979). Practical reasoning and curriculum theory: In search for a new Paradigm. *Curriculum Inquiry, 9*(3), 187-207.

Schubert, W. (1986). *Curriculum-Perspectives, Paradigm, and Possilbility.* NY: Macmillan.

Schwab, J. J. (1978). *Science, curriculum and liberal education: Selected Essays, Joseph Schwab, edited by Ian Westbury and N. J. Wilkof.* Chicago: University of Chicago Press.

Schwab, J. (1983). The Practical 4: Something for curriculum professors to do. *Curriculum Inquiry, 13*(3),240-241.

Walker, D. F. (1978). A naturalistic model for curriculum denelopment. In J. R. Gress & D. E. Purpel (Eds.), *Curriculum* (pp268-280). Berkeley, CA: McCutchan.

# 3 認知負荷理論在 e 化學習上的運用

## 一、前言

　　拜科技之賜，各種應用資訊科技的教學模式和學習內容應運而生，從教育的立場，科技與媒體應為教育所用，以促進學習，不是教育被科技與媒體所用，而阻礙學習，若要取其利並避其害，首先應仍回歸到學習的主體，即人。學習與知識的獲得除了學習媒介，更重要的是這些媒介及教學設計能否考量學習者的特性、人類的認知架構 (cognitive architecture)、以及認知歷程的特性與限制等等。雖然目前 e 化的教學與學習，已蔚為學校教育的普遍現象，但是從認知負荷理論 (Cognitive load theory, 簡稱 CLT) 的觀點，運用的教學媒體越豐富，未必會產生較佳的教學與學習成效。因此，本文主要從 CLT 的相關論點，切入與剖析 e 化學習的慎思與應用。

## 二、認知負荷的意義

　　認知負荷的理論，來自歐美的人體工學（Ergonomics）或人因科學（Human Factor）等領域，從心理、生理與認知層面，探討工作與任務對執行者的影響與適合性。教育領域研究者，則注重學習者在不同認知負荷的學習內容與教學方法中，其認知模式與策略對概念獲得的探討；教育工學領域之研究者，將重點放在學習者與電腦之間的互動關係、互動環境與互動品質上，所以認知負荷的意義，不僅包含了學習內容與教學方法，更重視學習者與電腦之間的互動（王全興，2003）。

　　認知負荷理論主張教學設計應該明確地考慮人類認知結構，以及在追求

效率時所可能產生的限制 (Paas, Renkl, & Swellwe, 2003)。在認知負荷理論中，認知結構是由一般目標的運作記憶所組合而成，其保留訊息時所容納的限度是 7 個意元集組（7±2），但在訊息處理過程中，則減為 2~3 個意元集組，至於長期記憶在保留訊息則以基模方式貯存，因此沒有記憶容量的限制。由於基模可以減低運作記憶負荷，原因在於個體已經習得某種知能或達到自動化歷程，可以處理較細微運作記憶上的意識能力。除此之外，不論增加或擴大基模，依舊被視為訊息中的一個意元集組，因而不需太多意識上的運作能力，這將確保有足夠的認知容量可用於解決大量複雜的問題。然而，若沒有習得該基模，所有問題的訊息元素，就必須被保留在運作記憶中，被視為一種單獨存在的項目。如此一來，將導致運作記憶容量過度地負荷，造成了缺少足夠的基模以處理訊息，以致於學習被束縛或阻礙 (Gog, Ericsson, Rikers, & Paas, 2005)。

綜上言之：「認知負荷」的意義就是學習者在訊息處理的過程中，因為訊息之內容（數量、質量、脈絡…等）、學習環境、傳輸環境與互動方式等因素，超越了學習者所知覺的認知能力，在當時情境時「心理」或「生理」上引起負擔、重擔、苦惱與憂慮，甚至失敗、挫折的後設概念，而認知負荷理論 (CLT) 所扮演的角色，便是發展具有效率和效能的教學策略，並提供技能的習得 (Ericsson, 2002; Sweller, 1988)。

## 三、認知負荷理論在 e 化上的運用

由以上認知負荷理論的意義，可以分析出在 e 化教學或學習上的運用：

### (一) 目標或任務由簡至繁

很多 e 化學習的應用都環繞在複雜的學習任務，它們是以大量的互動元素作為特徵。在概念的範疇裡，有很多互動資料的部分，必須在運作記憶中同步處理以達到了解之目的；在技術範疇中，有很多由互動所構成的技術必

須在運作記憶中協調以達到前後一致的表現。甚至在外在認知負荷之所有資源移除後，學習材料的元素互動性也許太高，而無法允許有效的學習。因此，可能的話不要一次呈現所有的資訊。例如，進行 e 化教學時，也許開始可能只會呈現一些相關互動元素的資料，然後逐漸地增加更多必要的互動；或者首先呈現任務的簡單版本，然後漸漸呈現此任務越來越複雜的版本。

## （二）具備學科或電腦基本知能

當今各級學校皆如火如荼進行資訊融入教學的實驗與活動，但鮮少注意到學生認知負荷的相關問題。由於人類原本就是多感官的高等動物，可經由視、聽、觸、味、嗅等感官接收並處理外界訊息；而 e 化學習整合了文字、圖片、聲音、動畫、及影像傳送訊息的技術，加上其高度的互動性特色，可以使學生的學習更充分地運用到五種感官的功能，達到輔助學習以及增強學習印象，以期提升學習之功效。

其實認知負荷是一種多向度的心理結構，使用者藉由使用人機介面、心智操作與身體活動之完成，來獲得與建構知識；但人類短期記憶只有 5~9（7±2）個意元，要同時去使用複雜的互動式系統，將使得學習者覺得被過多的選擇所困惑，學習者若沒有具備解決的認知策略或認知模式，很容易造成認知負荷。再加上使用者必須要知道此系統的觀念或知識，更需瞭解他處於該系統何種位置當中，以及如何操作該系統，而這些都會在學習過程中，干擾到認知能力的運作。所以，學習者專門知能必須能夠提升，方可促進學習者由生手變為專家，因而降低認知負荷，進而增進學習成效。

## （三）激勵學習者的學習動機

對於 CLT 研究者，探究教學方法的動機效應是非常重要的。動機觀點是呈現在心智努力和執行表現之間的關係上，較低的任務參與意指表現出較低的心智努力投入和較低的執行表現；而較高的任務參與意指表現出較高的心智努力投入和較高的執行表現。以 CLT 為基礎的運用效果不限於純認知領域，

影響動機的運用對於增加學習者的增生認知負荷也許是特別地重要，例如：讓學生在多媒體環境中組織圖片和文字之認知負荷和學習中，如何適宜的有效整合不累贅的文字和圖片之多重呈現，將優於單一模式的呈現。因此，在 e 化學習中，有效學習的互動關係是在整個學習情境彼此互動，而不僅僅是依賴學生與系統間行為互動而已，此種情形可以刺激學習者增進增生認知負荷。至於 e 化學習的動畫效果在多媒體學習中是可行的，教學者可考慮到以多元方式激發學習者的動機成分，比起只允許模擬（抽象）的圖片，其較易產生較高的學習成效。

## (四) 營造開放自由探究的環境

設計者在布題時，應採取開放目標方式，避免固定、單一的解答，讓學習者可以透過自己的思考模式，尋求自我的建構歷程；同時可以提供合宜的解題示例，協助學習者觀摩和創作，使學習者注意力能夠集中；也可以將示例先呈現一部分的解法，剩下的另一部分則由學習者自行完成，以減低外在認知負荷；也可藉由變化不同的問題狀態與情境，提升學習者的學習動機，也有利於學習遷移的產生。例如，在進行國語文 e 化教學時，可以採用故事接龍、看圖說故事、故事改編與創作等方式進行。但是需注意到 e 化教學所提供的探究學習，雖然可以增加學習者的自由與動機，但也會增加了認知負荷，探究式的電腦輔助學習，最重要的特色就是控制的複雜性，如果教學者無法控制，不但增加了認知負荷，而且阻礙了學習。

## (五) 有效整合各類資訊效果

「分散注意力效應」的確會影響學習者的整體學習成效，其中「單一視覺＋聽覺」組合會帶來學習上較佳的效果，而「雙重（含以上）視覺＋聽覺（即圖、文、音兼備）」雖擁有最豐富的媒體環境，但學習成效卻往往不如前者來得理想。因此，若能有效整合資訊的呈現方式，包含旁白的解說、將文字整合到圖片中，以及運用單一或整合的資料取代多重或並列的資料等方式，

將使學習者免於分散注意力，進而幫助學習。是故，在 e 化學習中，媒體的提供並非愈多愈好，教學者應適時適地提供媒體，避免外在認知負荷的產生。

## （六）• 時適地的運用資訊融入教學

如果要減少認知負荷，應該特別減少在「記憶」上的負擔，因為操作一個複雜的系統，必須記住很多相關的指令與方法，若是學習者不熟悉的話，將造成極大的認知負荷，所以唯有在學生已具有充分的先備知識、技巧與能力，才適時適地的運用資訊融入各領域教學，否則學生不但模糊了原先所要學習的課程目標或能力指標，甚至可能造成學生排斥學習的反效果。

## 四、結語

當今盛行的 e 化學習工具，允許學習者融合複雜的網路線上學習之專門知能，因而對於整個教學型態的傳遞有所助益。為了達到此一目的，e 化教學設計上的新型態除了需符合上述需求外，同時也應該讓教學更具效率與效能。據此，我們須洞察相關的理論架構與基礎，同時透視專門知能在不同層次的特殊複雜性，期盼探究複雜技能在習得的過程中，認知負荷理論 (CLT) 所扮演居中關鍵角色，以提供更具效率和效能的教學策略，讓學習者能有效學習，是我們需不斷耕耘與努力的方向之一。

【本文取自王全興（2009）。認知負荷理論在 e 化學習上的運用。研習資訊，
　　26（3），77-80。】

# 4 案例教學法的意涵及在教學上的應用

## 一、前言

　　所謂「案例」是一項敘述性事件，指一個真實發生或貼近真實事件所虛擬的事件，事件得以不同的方式，具有多元潛在價值的，而且在事件當中提供了人物情境、困境或難題，供人們進行思考、分析與判斷。因此，「案例教學法」（Case Method）是以案例為核心組織教學材料，再以學生為主體、師生互動的原則下進行，運用討論教學方式實施，並透過角色扮演、撰寫或閱讀等多元方式進行，結合理論知識與實務操作的一種教學方法。

## 二、案例教學法的特色與功能

　　案例教學法的特色主要以案例為核心，並結合教學主題，在課室討論的過程中以案例為主，能夠統整相關理論知識與實務操作，讓師生間的彼此互動活絡，進而強調學生主動參與的教學過程。由此可知，案例教學法的主體是學生，有別於一般傳統教學，藉由實際情境的案例呈現，可以增進學生學習動機，促使其主動學習；透過彼此討論與回饋，可以刺激思考、提升分析批判的能力，且能培養廣納他人意見的態度；更進一步，藉由案例的學習，提高孩子學生對情境的敏感度，提昇其問題解決、分析、做決定與統整學科間連貫性的能力。

## 三、案例教學法在教學上的應用

### （一）案例教學法實施過程分準備活動、發展活動、綜合活動

　　每個專業教育，由於知識基礎的差異，以及各專業領域性質的不同，而使案例教學法的實施方式有所差異。一般教學活動設計可分為準備活動、發展活動以及綜合活動，案例教學法的實施過程則可分為案例教學法實施前的準備、案例教學法的實施過程和方式以及案例教學法實施後的相關活動等三階段。

### （二）案例教學法採行多元且適配的教學方式

　　案例教學法的教學方式包括討論、問答、角色扮演、模擬和辯論等多元方式，只要能造成師生互動方式，均可列為考慮，但最主要的教學活動則是案例討論。實施案例教學法時，教學者針對案例所設計的討論問題，決定了案例教學品質的優劣，當然案例教學的成敗除了設計好的案例討論問題之外，有效的案例討論活動以及教師的引導也是案例教學重要一環。

### （三）案例問題討論宜與日常生活進行連結

　　案例問題的呈現應由簡而繁、由易而難、從表面的問題到深層的問題，最後並可要求學習者在案例敘述與真實生活之間做比較。案例是對真實或接近真實的事件做詳盡描述的文章，案例可以是真實的，也可以是經由改寫或杜撰出來的虛構個案，透過與日常生活進行連結的案例問題時，學習者可以循序漸進地去定義、分析、評估與統整案例，在習得相關知識時，也一併提升批判、思考與分析能力。

### （四）案例教學時可運用分組合作學習

　　案例的討論宜採小組方式進行，透過小組討論的歷程，案例教學法得以促進學生發展溝通與傾聽的人際技巧，並進而接觸不同的觀點，有助於提升個人成長，在形成共識、達成解決問題目的的過程中，亦可培養學生團隊合作的技巧，並體認團隊合作的重要性。

## （五）教師在案例教學時應適時引導學生澄清觀點

　　教師不但要能引導討論活動，使學生在討論時獲得資訊、澄清觀點、以及刺激思考，也必須引導學生瞭解案例在日常生活中的應用性與可推性；在活動進行的過程中，教師應該隨時檢視自己的言行，以使討論活動能在有效率且和諧的狀態之下進行。所以在進行案例教學時，老師的角色非常重要，要如何讓學生在開放的環境下，獲得資訊、提出看法，互動批判，總結類推，這些將有助於學生更高層次的思考。

# 四、結語

　　透由案例教學法的進行，學生的討論、演練與師生的互動將會變多，如此一來，不僅增進彼此的了解，也可從中學習調整既有的價值觀，師生從中體會到教學相長之美。另一方面，學生同儕的分享與鼓勵，將會在課程當中不斷地受到感動，彼此之間的溝通、震撼，有助於師生及生生在案例教學路上，將自己所學習到的知識、能力與態度傳遞及延續下去。

【本文取自王全興（2016）。案例教學法在教學上的應用。師友月刊，587，48-49。】

# 5 數學迷思概念的成因與解決策略

## 一、前言：

　　當今數學教育學者正積極推動問題解決導向的課程改革，培養學生善用知識，成為有問題解決能力的人。在此教育目標下，教師被期待能瞭解學生認知發展的性質及概念學習上的困難，對於學生思考與學習觀點，鼓勵學習者運用知識，以有效的解決生活、工作及學習上所面臨的問題，培養學生帶得走的能力。此種活化知識以解決問題的教育理念與教師接納學生非單一性的思考及解決的策略，落實以學生為本位的教學是一體兩面。

　　教育是傳承學生基本能力的最佳途徑，任何知識的思想與概念都可以透過教育來傳達給下一代，但在教育的過程中，因為傳達者本身的誤解或傳達過程中造成錯誤的認知，而使得人們對於概念產生誤解。所以學生進入教室學習時，不是像一張白紙，讓教師染蒼則蒼，染朱則朱，而是帶著自己的想法進到教室。就教育的本質而言，對於知識概念的傳達，有必要做一個概念澄清，以導正錯誤的認知，並求得正確的知識架構。

　　每一事物的發生，都有一定的因果關係。每一個概念形成的背後有許多複雜的因子，這些因子環環相扣，其中某一地方發生問題，一定會影響到其他因子的發展。緣此之故，探究數學教學每一關係的環節，才能審視到數學概念發展過程中錯誤環節，找出迷思概念的所在。依照學習者概念產生的過程，以學習者的各種表現探討迷思概念的成因。從學習者的思考模式、語言、表達方式 -- 等諸多線索中去探尋發現迷思概念的所在。

## 二、迷思概念的意義：

認知心理學與建構主義均認為個體是可以主動學習以建構知識的，所以學生在學習一項新知識的過程中，就很可能自行發展出某些自以為是，但這與學者專家所公認並不一致的概念，這些概念就被稱作「迷思概念」（misconception）；換言之，當個體在自然的狀態下對自己的先前經驗或先備知識作抽象分類，逐漸形成一些概念或想法，當這些個體自行發展出的概念或想法與科學科目學者專家之概念或想法不相容時，則稱之為迷思概念（張川木，1995；郭重吉，1988；鍾聖校，1994；謝青龍，1995）。Wandersee, Mintzes 和 Novak（1994）則認為迷思概念是學生對於某一科學事物已留存心中且能自我報告（self-reported）的另有概念。

現在對迷思概念主要的定義，係指學習者在接受學校教育之前，對於學習的定義、學科內容、教科書內容、教學內容等，已持有一些不同於教學者或課程內容的想法、信念等原有知識概念。此種原有知識概念與正式的學習內容容易產生衝突，而且不容易透過學習扭轉過來，在教學後，可能造成對課程內容的誤解。

## 三、迷思概念的特性：

Fisher（1985）、林明軫（1994）、鍾聖校（1994）歸納迷思概念的特性包含以下數項：

（一）非正統性：迷思概念有別於同領域學者專家的概念。

（二）普遍性：同時存在不同個體或事物。例如學生普遍有「面積相同，周長亦相等這種迷思概念」。

（三）頑固性：有些迷思概念是根深蒂固的，難以透過傳統教學予以扭轉。

（四）過程性：迷思概念是在概念發展及學習的過程中出現，若以一直

線表示概念發展的連續體時，則錯誤概念出現在一直線中的任一點。

（五）不完備性：學童思考不周全或細密，以致概念較片面或零碎。

（六）思考性：學童用直覺、錯誤的類比、不正確的推理或不成熟的運思來學習；能夠陳述出內容，但它含有概念學習的成分。

（七）個別性：學童用自己的經驗建構事物意義產生的，故具有個別性。

（八）不穩定性：學童對概念沒有清楚的認識，因而沒有確定的見解，想法易變，不穩定。

由上可知，迷思概念的特性與形成原因相當多元，身為一個在教育第一線的數學領域教師必須能充分掌握學生思維脈絡的動向，了解學生學習課程時可能遭遇的困難與盲點。先了解迷思概念的特性，才可以針對其迷思概念產生的原因採取適當而有效的教學策略。

## 四、迷思概念的成因：

迷思概念的發生往往與其歷史或文化背景有關，所以，相關的決策單位、教師、同儕團體與學生個別經驗中，或多或少都會有些影響（邱美虹，2000；鄭麗玉，2002；鍾聖校，1994；Stepans, 1991）。

### （一）編碼的問題

編碼是個體在接收外界刺激或訊息時，將訊息轉換成代碼的過程，它是一種學習者將所面臨的問題在記憶中轉換成合適表徵的過程。編碼完成後，將訊息儲存在長期記憶中，以便隨時提取。但迷思概念是學習者在編碼過程中，未循著正常的方式加以合適的編碼所造成：1.編碼的時間問題：所花的時間太短促，無法正確表徵出原有的訊息，以致於產生以偏概全。2.不當的編碼及編碼的效果：可能是缺乏先備的知識、經驗或是將無關的因素加以編碼、建構所造成，導致學習能力受到限制。

## （二）學習信念的問題

學習信念是學生在學習歷程中，對於歷程中所有的相關因素及變項所持有且信以為真的觀點。其內涵包括對自我概念、學習活動、學習內容等方面的信念；學習信念會影響學生本身對學習活動的評估與知覺，並且影響學習的成效。例如：如果學習者認定學習內容及概念的正確與否對未來生活很有幫助，則學習者就偏向認真的學習，因此就較不易形成迷思概念。

## （三）同儕影響

Solomon（1987）指出一個人很難同時弄懂所學的學科概念，而又維持與同儕的關係，因此一般的學生會在同儕文化的影響下，選擇大家認為對的觀念，因而很難接受正確的概念。例如：例如大多數學生如果斷定物體的體積越大密度越高，則會影響其他同學對物體密度的判斷與學習，因而形成迷思概念。

## （四）經驗因素

形成迷思概念的原因可能來自於個體實際經驗的建構，這些經驗包括直觀世界、學習經驗、日常生活事件的觀察、情境脈絡、思考等，這些經驗的建構對學習者的學習產生直接的影響。1. 從日常的經驗與觀察：迷思概念的形成原因常來自於個體日常生活事件的觀察，但是感官所能察覺出來的現象通常沒有辦法非常完整，容易運用有限的方法去尋求答案。另外，個體偏向以主觀的自我意識去篩選外界的事物，影響對日常生活的解釋。2. 來自一些天賦觀念或直觀世界：個體在處理問題時，經常以其直覺作為推理的依據。假設處理的過程沒有太多的挑戰，那就更加深了自己從日常生活的經驗與觀察所得的觀念。3. 學習經驗與情境中不同詮釋所產生的混淆：在學習過程中，個體將舊經驗、先備知識與學習內容的知識和策略相連結、對比而產生新的學習。而形成迷思概念的原因，為學習者因情境不同而運用不同的概念加以詮釋、類比、說明所產生的混淆。

綜上所述，學童數學迷思概念的來源與形成可分成三方面：

1.學生個人因素方面：

（1）學生從日常生活經驗中獲得錯誤數學概念。

（2）學生本身學科知識不足，對數學概念不瞭解。

（3）學生認知發展不夠成熟。

2.環境因素：

（1）來自數學教材、媒體或網路的錯誤訊息或誤解。

（2）受到長輩或同儕的想法或經驗所影響。

3.學校教育方面：

（1）教師本身數學知識不足或存有迷思概念。

（2）教科書內容或圖片的錯誤引導。

（3）過度使用單一教學法。

## 五、改變學生數學迷思概念的策略

身為一位教學者，若能發展適當的數學教材再加上合宜正確的教法，隨時注意教學過程中與學生的互動，學生接受課程的程度，做適時及適當的補救及加強，亦即教學者必先瞭解學生本身的先備經驗，並考量學生能力程度與新概念之間是否充分連結，方可避免迷思概念。以下提供若干策略供教師進行數學教學時參酌：

### （一）運用異質合作學習

許多研究發現學生對於迷思概念有抗拒的傾向。根據皮亞傑「同化」、「調適」的理論，概念改變必須引起個體內在不平衡（或認知衝突），使個體進行調適，建立新的概念結構或調整現有結構，以達平衡。而引起個體內在混亂狀態最常見的來源是和別人互動。因此，應鼓勵教師讓學生相互討論，同時透過群體學習，教師不能只「告訴」學生事實，而是透過合作學習的對

話與分工以獲得正確概念。

## （二）形成認知衝突

　　學習並不只是單純地加入新的片斷訊息而已，應涉及新舊知識間的互動關係。而既念的改變形式可分大範圍與小範圍，稱之為同化與調適。而概念改變必須有四個條件：1.學習者必須對現有的概念感到不滿。2.新的概念必須是可理解的。3.剛開始時，新概念必須是合理的。4.新概念必須是豐富的。所以透過認知衝突的方式，使學生學生明瞭他們個人的理論與實際上是不適當的、不完整的、不一致的，而此時實際上解釋可作為一個更具說明力且合理的取代物，那麼概念的改變才有可能發生

## （三）電腦模擬學習

　　現今網際網路的發達，因此全面普及資訊教育及資訊應用是當前國民教育的重要目標，為了促使改善傳統教學模式與制度，使教材、教法、評量及教學媒體多元化，教師可以利用多媒體電腦輔助教學軟體，結合文字、聲音、影像、動畫等功能，透過分組合作方式，再加上網際網路豐富的資源，以突破傳統教材的限制，透過電腦模擬或虛擬學習，以促使學生學得正確的概念。

## （四）遊戲融入數學教學

　　我們在班級內教學，往往可以發現國小學生，也許僅僅是一道簡單的猜謎、一樣新奇的小道具或者是一項有趣的競賽…等等，都有可能讓他們沈溺其中而興致盎然、樂此不疲；玩得內容也可以五花八門、包羅萬象，令人嘆為觀止。不可諱言的是，喜愛遊戲是兒童的天性，對兒童來說，遊戲是一種學習、活動、適應、生活或工作，而遊戲是兒童基於內在動機的選擇，是兒童主動參與而沒有無固定模式的外顯行為，因此兒童在玩遊戲時總是充滿了笑聲，歡欣溢於言表。是故，從事數學教學的國小老師若能善用遊戲，將可改變學習信念的問題，透過同儕之間的影響，讓班級氣氛更為融洽，何樂而不為呢（梁淑坤、張嘉玲、王全興，2009）？

## （五）多給學生實地動手操作機會

九年一貫課程改革，特別強調以學習者為中心，教師為輔，擺脫以往單向式教學法，採取師生互動、學生合作教學模式。由此顯現，教師僅僅扮演教學輔導角色，活動過程中學生主動思考，設計解題步驟並動手操作具體物，學童在學習過程中除能主動建構知識外，同時能獲得完整數學概念，更能藉由操作實物將數學概念學習正確且完備，相對地，迷思概念也會減輕。

## （六）教材設計應重視學童先備經驗，留意新舊概念連結

教師教材編寫務必對學童先備經驗有所掌握，避免出現重複概念或過於艱難數學命題；在教授新概念前，留意學童學過的舊經驗，設計符合學生心智年齡的教材，將新舊教材作最好的對照與連結。此外，「類比教學」常為教師與教科書所使用，但有其侷限性，有些可能得到不錯的效果，有時卻可能造成「類比誤用」，進而導致迷思概念的產生。

## （七）教師專業成長與自我省思

迷思概念不僅學生會發生，甚至教師亦會產生。所以鼓勵教師改進自己的教學方式的第一步，便是要讓教師了解自己的教學活動類型，而讓老師了解自己教學活動類型的方式便是鼓勵、支持老師從事「了解自己教學活動類型」的活動。包括透過「與同學年老師、領域專家教師進行對話」、「蒐集自己教學活動的資料」、「分析、整理自己的教學活動資料」等的活動過程，來反思並改進自己的教學，幫助自己進行專業成長。同樣的，教師也可以透過專業成長的活動，包括在職進修、研習活動、與學科專家的對話等，隨時進行自我省思與檢討，以避免迷思概念的產生。

# 六、結語

教師的任務在於幫助學生能有意義及有效的學習，學者們普遍認為分析學生的數學迷思概念可以了解學生的內在概念，能使教師更清晰的了解學生

的心理運作，對於教學策略的修正、補救教學的實施有相當大的幫助。因此，面對學生某些概念學習成效不彰的事實，教師應對學生迷思概念的特性、成因及類型都要作深入的了解，方能針對學生在概念學習上可能遭遇的困難加以防範，並對其所產生的錯誤加以診斷。

參考文獻：

林明軫（1994）。國小學童磁鐵與磁力性質迷思概念之初探。**台南師院學生學刊，15**，223-250。

邱美虹（2000）。概念改變研究的省思與啟示。**科學教育學刊，8**（1），1-34。

張川木（1995）。概念改變教學法。**科學教育月刊，185**，21-27。

梁淑坤、張嘉玲、王全興（2009）。遊戲融入國小三年級乘除法教學之研究。載於**課程實驗與教學改革**（pp.67-120）。台北市：五南圖書出版社。

郭重吉（1988）。從認知的觀點探討自然科學的學習。**教育學院學報，13**，352-378。

鄭麗玉（2002）。**認知與教學**。台北市：五南圖書出版社。

謝青龍（1995）。從「迷思概念」到「另有架構」的概念改變。**科學教育月刊，180**，23-29。

鍾聖校（1994）。對科學教育錯誤概念研究之省思。**教育研究資訊，2**（3），89-110。

Fisher, K. M. (1985). A misconception in biology: Amino acids translation. *Journal of Research in Science Teaching, 22*(1), 53-62.

Solomon, J. (1987). The pupils' view of electricity revisited: social development or cognitive growth? *International Journal of Science Education, 9*(1), 13-22.

Stepans, J. I. (1991). Developmental in students' understanding of physics concepts. In S. M. Glynn, R. J. Yeany, & B. K. Britton (Eds.), *The psychology of learning science. Hillsdale*, NJ: Lawrence Erlbaum Associates, Publishers.

Wandersee, J. H., Mintzes, J. J., & Novak, J. D. (1994). Research on alternative conceptions in science. In D. L. Gabel (Ed.), *Handbook of research on science teaching and learning*. New York: Macmillan.

# 玩數學？學數學？
# 談遊戲在數學教學上的運用與實例

## 一、前言

在日常生活中，我們可以發現小朋友最感興趣的是什麼？簡單來說，就是一個「玩」字。事實上，學生「玩」的內容包含哪些呢？有時可能僅僅是簡單的魔術、猜謎、新奇的道具或者是有趣的小遊戲……等，都有可能讓學生沈迷其中而興致盎然、樂此不疲。尤其以教學者過往在現場實地的觀察與經驗而言，無論是在哪一領域的教學過程中，只要教學者在台上說到「現在我們來玩遊戲吧！」，台下的學生莫不眼睛一亮、精神為之一振，甚至歡聲雷動，彷彿各個靈魂剛從桎梏裡釋放出來，一切序幕才剛要開始，由此可見教學過程中的遊戲設計，對於學生的吸引力有多大了（王全興、張嘉玲，2010）！

然而，在數學領域教學方法與流程方面，最常見的往往是教師布題，然後學生解題，再經由不斷的講解、練習及考試複習，以期達到理想的成績，比起其他領域的教學而言，大多數的老師的確很少將遊戲設計適時地融入數學教學過程中。當然，這也許是因為受限於教學時數的不足，或者是對於遊戲設計感到困難，或是來自家長對於成績要求的壓力……等因素所造成，也使得學生對於數學學習的普遍印象多半是枯燥而乏味，甚至是恐懼而焦慮的。

因此，本文為了突破學生對於以往數學學習的刻板印象，身為一位教師，除了配合課程的改革外，更需嘗試將教材及教學過程中，適時適地融入遊戲化的數學教學活動，希望使學生能在愉快的學習氛圍中學習，並藉以引發學生主動學習數學的意願，且進一步提升數學學習的成效，以期能夠真正達到

所謂「寓教於樂」的目的。

## 二、遊戲在數學上的實例

　　基於上述的動機，本項課程設計擬以國小四年級學童為對象，針對四年級下學期數學領域課程內容（認識長條圖）為主，自行研發與設計相關的遊戲以融入教學過程中。為了便於反省、批判與自我成長，於是藉由觀察、訪談、學習單、逐字稿，及教師反省札記等，來分析遊戲在實施教學過程中的利弊得失。

## 三、遊戲方式與活動

　　本教學嘗試研擬數學遊戲，將之融入數學教學活動中，讓學生在活潑、愉快的數學遊戲情境中學習數學，藉以協助學生：能報讀生活中分類的統計圖表、能報讀與解讀長條圖，以及能報讀各種變形的長條圖。在遊戲競賽的過程中，也可培養學生小組合作的學習態度及相互溝通協調的能力。

　　基於以上的信念，教學者進一步針對選定的單元，自行設計相關且適合的遊戲，在閱覽了國內外相關文獻及數學遊戲書籍，並就課本內容、習作、教師手冊等進行分析，總共設計了下列三項遊戲，其名稱及學習目標如下表一，同時將各項活動之課程與教學之計畫、設計、實施與評量，置於附件，提供相關人員參酌與取用。

**表一　本研究中遊戲融入教學單元之名稱及學習目標**

| 遊　戲　名　稱 | 教學節數 | 學　習　目　標 |
|---|---|---|
| 1.「飛鏢神射手」 | 1 | 能報讀生活中分類的統計圖表 |
| 2.「激烈的選戰」 | 2 | 能報讀與解讀長條圖 |
| 3.「總統大選」 | 2 | 能報讀各種變形的長條圖 |

## 四、教學者的信念

（一）採行合作學習：在遊戲的學習環境裡，係以學生內發的動機及同儕的激勵來增進自己行為，在遊戲中努力進行學習。

（二）民主教育理念：強調學習者在團體中一同遊戲，透過社會性的發展，習得民主歷程的溝通技巧以及參與民主歷程的技能。

（三）激發學習動機：根據遊戲中團體表現的團體獎勵，塑造一種人際的獎勵結構，使團體成員得以對同伴在作業的努力，給予社會性的增強。

（四）進行自由探索：本教學不但設計有趣且與生活相結合的遊戲情境，讓學生在學習過程產生意義化與成就感，藉以引發學生自由探索的意願，和主動學習的能力。

（五）統整概念融入教學：本教學可以進行延伸活動，例如結合健康與體育領域，進行跑跳遊戲，且同時達成數學運算練習的目的；或者融入藝術與人文，進行統計機率的繪畫與創造，並且完成問題解決的目標。

## 五、教學後的省思

（一）長條圖與直方圖定義有差異：長條圖是用一個單位長度表示一定的數量，根據數量的多少畫成長短不同的直條，然後把這些直條按照一定的順序排列起來，叫長條圖，也稱條形統計圖；至於直方圖則是柱和柱之間沒有空隙，而且組距都是連續下去的，由此可知直方圖是處理連續變數資料（如身高、體重數…等），組距則是利用「以上」、「以下」、「超過」、「未滿」等語詞的共識。

（二）國小長條圖常見的教學迷思與解決策略：學生針對長條圖有一些常見的數學迷思，在本次教學演示提出下列解決策略如下。

| 教　學　迷　思 | 解　決　策　略 |
|---|---|
| 剛開始認識長條圖時，數量間距取一格為1，且一個類別的數字不要超過10。 | 初學時，為提高學生興趣，先以簡單生活化的統計資料呈現。建議老師可以請十位學生上台，然後以這些學生為調查對象。至於其他學生可以利用調查的資料來繪圖。 |
| 劃記時容易誤差。 | 學生對收集的資料作劃記的工作，再將「劃記表」製成「統計表」的過程，學生可能的劃記方式有：劃點、劃1、打勾、打圈、劃斜線、寫正字等，老師並不一定規定哪一種記法，但學生往往容易誤差。<br>請學生練習劃記時，利用較方便的劃記法劃斜線、寫正字，學生最好有實際操弄的機會。 |
| 統計圖表間隔。 | 為釐清統計圖表間隔的概念，可以先請學生以排積木或利用圖卡（規格一致）的方式，以便引入長條圖的數線間隔大小一致的概念。 |
| 長條圖的間距不一定是1。 | 當長條圖用來表示較大的數量時（如，人口數），可以用大略的數（如，2、5、10、100一數）彈性調整間格所代表的數目。 |

（三）數學學習成效不易評量：教師透過遊戲教學容易觀察的部分是分組討論、合作學習、個別發表、學習態度等情意方面的學習狀態，至於學生的數學能力是否因為此次實施教學而大幅提升，影響相關的因素太多，諸如教師的教學方法、教材的使用、教學理論與觀點的歧異……等而有所不同。

（四）數學建構歷程錄影不易：老師、家長和小朋友對於問題是如何解決的都有著相同的好奇，但是使用數位攝影機錄影分組討論建構

歷程，卻碰到聲音無法清晰錄下的難題，同時需增加兩台以上數位攝影機，才能將各組解題歷程完整呈現，由此次逐字稿的聽寫就可以得知。

（五）教學時間太過短暫：本次前往鼎金國小進行教學，最大的困難之一即是面對不熟悉的學習者，在短短的四十分鐘之內，要能夠掌握學生的各種狀況著實不容易。所以本次透過遊戲與資訊融入教學，能以輕鬆、快樂且多元的方式呈現，讓學生能踴躍自主的進行數學溝通，以達到教學或學習的目標。

根據上述不斷地思考與反省之後，教學者針對過程中較不理想部分，提供相關的建議如下：

（一）重新架構課程：透過課程的重新設計與教案的修訂，逐漸聚焦在數學能力指標的達成，同時增進學生之間的互動，以提升學習者有效學習為宗旨。至於遊戲與資訊科技則是以「適時適地」的融入為基礎，以不過分強調學生「純娛樂」及「資訊科技能力」為方針，而是營造出兼具達成數學能力指標與快樂學習的學習環境。

（二）建立親善關係：為了能夠在短時間使教學者與學生之間，以及學生彼此間能建立和諧友善的關係，於是思考採用遊戲及資訊科技，來促進互動性與面對面的溝通，亦可藉由電腦上的攝影機，來增進彼此的親善關係。最後，透過遊戲教學，在學生完成單元主題時，能夠發表他們的成果。

（三）改變學習風格：雖然探討遊戲融入數學教學有關之學習風格文獻，似乎相當缺乏。但為了能夠確保班級上的學習風格能夠成功，於是以學習者的基本數學能力與資訊能力為目標，在小組與自我引導方式之下，有效的解決數學問題，同時嘗試著發展各項活潑學習單，協助完成這項工作。

（四）尋找豐富資源：不論教師與學生，都應持續探索各項資源（包含

線上、文本以及文獻上）的適切性，以促使教師能更宏觀的思索遊戲與資訊融入教學的優劣，避免鑽進象牙塔而不自知。至於在缺乏豐沛資源的校園環境，該如何尋求行政單位的支援，不但是一項藝術，也是美學，所以應促使自己不斷與行政單位溝通，希冀能在經費、設備、人力有所突破與配合。

（五）統整概念數學課堂：遊戲與資訊科技能夠將學科或科目加以統合，圍繞一個主題或以相關的概念來進行線上教學，強調整體的學習，而不是關心教材份量記憶的堆積，更能有效地、充分利用教學時間。因此，統整概念可以說是基於「學習」的本質與「學習者」的需求，而將各種課程內容與要素串連起來，並與生活緊密結合，使其產生有意義的關連與融合，讓學生獲得最好的理解和整體的學習。

# 六、結語

對兒童來說，遊戲是基於內在動機的選擇，主動參與的外顯行為；因此，玩遊戲總是充滿著驚奇、歡喜、互動、笑聲及笑容。但要將遊戲特質在數學充分發揮出來，透過上述我們可以發覺需要教學者有正確教學信念、事前縝密規劃、設計符合教學意涵遊戲、蒐集完整教學素材、教學過程細心觀察評估、教學後反省思考改進，方能讓遊戲發揮其教學上的極致。

參考文獻

王全興、張嘉玲（2010）。遊戲不只是遊戲。師友月刊，517，89-92。

# 7 國小數學遊戲教學的準則與運用

## 一、前言

　　自從「九年一貫課程數學領域綱要」公布之後，其目標與特色即是以生活為中心，配合各階段學習者的身心與思考發展，提供適合學習者能力及興趣的學習方式，並引導學習者能動手做數學，培養數學思考、數學溝通、數學連結與數學評析的能力。所以，若能將遊戲適時地融入數學教學，在遊戲競賽的過程中，培養學生小組合作的學習態度及相互溝通協調的能力。例如：教師在課堂上說到：「現在我們來玩個遊戲！」時，台下的學生莫不眼睛一亮、精神為之一振、甚至歡聲雷動，彷彿各個靈魂剛從桎梏裡釋放出來，一切序幕才剛要開始…。由此可見，數學教學過程中的遊戲設計，對於學生的吸引力有多大了，也較容易促進課程目標與教學單元的達成！

　　其實，我們在班級內教學，往往可以發現國小學生，也許僅僅是一道簡單的猜謎、一樣新奇的小道具或者是一項有趣的競賽…等等，都有可能讓他們沈溺其中而興致盎然、樂此不疲；玩得內容也可以五花八門、包羅萬象，令人嘆為觀止。不可諱言的是，喜愛遊戲是兒童的天性，對兒童來說，遊戲是一種學習、活動、適應、生活或工作，而遊戲是兒童基於內在動機的選擇，是兒童主動參與而沒有無固定模式的外顯行為，因此兒童在玩遊戲時總是充滿了笑聲，歡欣溢於言表。是故，從事數學教學的國小老師若能善用此一天性，將可讓學生學習成效更佳，班級氣氛更為融洽，何樂而不為呢？

## 二、遊戲教學準則

當然，進行數學遊戲教學並非無的放矢、毫無目的；也並非一片和樂、快樂學習就是數學遊戲，它有一定的準則與規範，國外學者 Bell 就曾於 1978 年提出十二個評鑑遊戲的準則，這些準則或許不失為教師在進行數學遊戲教學時的參考：

（一）學生對遊戲的規則清楚瞭解嗎？

（二）學生需要很長的時間來瞭解遊戲的規則嗎？

（三）遊戲是否太複雜，導致延遲了整個遊戲進行？

（四）遊戲是否太過容易或者超過學生理解程度？

（五）每個學生是否都有平均參與的機會？

（六）每個學生是否都可以參與整個遊戲的進程？

（七）學生對遊戲感到有興趣嗎？

（八）是否會引起班級常規上的問題？

（九）學生是否會過於投入遊戲而忽略學習的目標？

（十）在整個遊戲過程，數學概念是否有被彰顯出來？

（十一）學生能否達到數學認知的目的？

（十二）學生在遊戲過後，數學的學習表現是否有進步？

## 三、遊戲教學應用

其次，身為一位數學教師在班級進行數學遊戲應用時，有一些需留意或注意的項目，茲分述於下：

### （一）留意學生數學能力是否有提升

學生在數學表現上是否有明顯的進步，不論在答題的速度或是正確率都需要有一定的成果，尤其對於低成就兒童而言，遊戲過程中不僅提供他們不斷學習模仿的機會，也提供成功的經驗，進而提升學習信心，這些都應在教

學過程中時時觀察、時時省思。

## （二）注意學生學習態度的轉變

　　另一方面，教師採取遊戲融入數學教學的上課方式後，學生在學習態度上是否更為正向積極，學習的興趣是否明顯提升，學習的信心也逐漸增強，這些端看學生學習是否克服心理上的恐懼，也擺脫原先上數學課無聊枯燥的刻板印象。在遊戲的過程中，學生們會逐漸發現原來數學可以這麼好玩、數學好像變簡單了！當教師發現班上學生非常期待用遊戲來上數學課，而且在遊戲過程中總是興致盎然，往往無形中做了無數題的數學計算卻仍樂在其中，這顯然已達到所謂寓教於樂的目的。

## （三）營造小組合作學習的精神

　　藉由小組合作競賽的遊戲過程中，學生不僅從中領悟到團結合作的重要性，在彼此不同的想法與意見中也促進了相互溝通協調的能力。更難能可貴的是，小組裡會主動幫助一些學習較慢或數學能力較差的學生，發揮了互助的精神，而低成就的學生在整個數學遊戲過程中的參與度與專注力應會明顯提升。

## （四）促進親師生之間的情誼

　　當教師實施遊戲教學活動以後，教室裡常常會洋溢著快樂的笑聲，無形中拉近了師生的距離，學生也紛紛給予很多回饋。此外，透過遊戲個人學習單的設計，也會讓班上同學有更多相互競賽與交流機會，有些學生甚至回家與父母比賽，無形間也促進了親子互動關係，成為意外的收穫！

## （五）課程內容要結合學生日常經驗

　　事實上，要進行遊戲融入數學教學之前，首先必須考慮單元的選擇，因為並不是每一個單元都是適合遊戲的進行，尤其在內容的設計上最好能與學生的生活經驗相結合，若是讓這些遊戲的取材都是在生活周遭隨處可見，藉由遊戲讓學生在學校的學習與外在真實世界的經驗與知識具體連結後，這樣

才能將數學真正應用於日常生活，同時培養問題解決的能力，也較容易達成九年一貫課程的目標與特色。

## （六） 數學遊戲活動需講求規則、秩序、公平與協助

在遊戲融入教學的過程中，活動進行是否流暢往往也會影響到實施的成效，尤其在學生秩序與時間的掌控上格外重要，以下提出幾項重點：

### 1. 講解規則時要簡潔有條理

一開始教學者往往因為怕學生不能理解遊戲的規則，經常會重複或一再地強調，久而久之會發現在講解遊戲規則時必須簡短、有條理，以一節課 40 分鐘而言，時間約控制在 3～5 分鐘左右，才不致耽誤到活動正式進行的時間。

### 2. 秩序的控制要明確有效率

遊戲活動的進行，最怕為了控制學生的秩序而浪費許多時間。所以教師應經常在開始進行活動前，先強調秩序也納入小組競賽的評分裡，並隨時善用小組獎勵方式，一旦發現學生的秩序脫軌，馬上喊「5、4、3、2、1、」，學生必須要馬上暫停活動，小組表現好的馬上加分，對於秩序的掌控十分有效。

### 3. 獎勵制度要公平且具吸引力

無論是小組或是個人競賽，學生皆會相當在意勝負的判定，尤其是獎勵的制度，在遊戲進行前必須事先說明清楚避免引起爭議。在獎勵方式上，最好是儘量讓每組都有加分的機會，研究者發現只要恰當的使用獎勵制度，學生在活動進行時的反應會更加熱烈。

### 4. 教師要適時的給予協助

遊戲進行時，有很多突發的狀況發生，教師要在旁給予學生適時適當的協助（但應不以影響到個人或小組的成績為宜），並隨時觀察學生學習的情形，必要時對於活動的方式給予適度的調整，以利活動的進行。

## 四、結語

　　綜上所述，不論從上述外國學者對於遊戲教學實施的理念或者教學者本身的經驗可以得知，教師若要將遊戲適時地融入數學教學活動中，並達到預期的教學效果，事先一定要經過縝密的設計，考量課程的目標、學生先備知識及技能，妥善的規劃整個遊戲的流程、教具、時間、評量方式，清楚的講解遊戲規則並從旁協助引導，才能讓「遊戲不只是遊戲」，而是成為一種「有效的學習」。

【本文取自王全興、張嘉玲（2010）。遊戲不只是遊戲。師友月刊，517，89-92。】

# 8 國小學童乘除法運算常見的錯誤類型與解決策略

## 一、前言

Ashlock (1987) 及 Graeber & Wallae (1977) 曾提出許多種運算歷程中產生的系統性錯誤，有關乘除法運算過程中的錯誤類型，筆者就其中「兩位數乘以一位數」、「三位數乘以一位數」以及「兩位數除以一位數」直式計算的部分為例，將乘法及除法常見的錯誤類型分別說明如下 (Ashlock, 1987；Graeber & Wallae, 1977；黃偉鵑，1994)：

## （一）乘法運算的錯誤類型

> 1.錯誤類型一：十位數相乘後未加進位數。
>
>
>
> $$\begin{array}{r} 1 \\ 35 \\ \times\ \ 3 \\ \hline 95 \end{array} \qquad \begin{array}{r} 3 \\ 28 \\ \times\ \ 4 \\ \hline 82 \end{array}$$
>
> 此類學生在被乘數十位數的計算時，經常忘記加上先前個位數進位時在十位數上方所做的記號，直接以原先的十位數來乘以乘數，導致錯誤答案。

2.錯誤類型二：十位數與進位數直接相加後再乘以乘數。

$$
\begin{array}{r}
4\phantom{00} \\
68 \\
\times\ \ 5 \\
\hline
500
\end{array}
\qquad
\begin{array}{r}
2\phantom{00} \\
29 \\
\times\ \ 3 \\
\hline
127
\end{array}
$$

　　此類學生在被乘數十位數的計算時，直接先加上個位數進位時在十位數上方所做的記號，用相加後的數來乘以乘數，導致錯誤答案。

3.錯誤類型三：進位數直接與十位數相乘。

$$
\begin{array}{r}
4\phantom{00} \\
75 \\
\times\ \ 8 \\
\hline
280
\end{array}
\qquad
\begin{array}{r}
3\phantom{00} \\
57 \\
\times\ \ 5 \\
\hline
155
\end{array}
$$

　　此類學生在被乘數十位數的計算時，直接以個位數相乘後在十位數上方所做的進位來乘以十位數，導致錯誤答案。

4.錯誤類型四：未乘十位數，直接把進位數加上十位數來當作答案。

$$
\begin{array}{r}
4\phantom{00} \\
37 \\
\times\ \ 6 \\
\hline
72
\end{array}
\qquad
\begin{array}{r}
1\phantom{00} \\
85 \\
\times\ \ 3 \\
\hline
95
\end{array}
$$

　　此類學生在被乘數個位的乘法運算時十分正確，可是在被乘數十位數的計算時，卻直接以進位數加上原先被乘數的十位數，進行加法運算，導致錯誤答案。

　　根據黃偉鵑（1994）的研究，在乘法的運算中，學生首先要熟悉的是九九乘法，其次是要了解整個運算步驟，其中包含相乘及階層式相加。在其乘法運算能力測驗施測後的結果中發現：錯誤最多的乃是「乘法基本事實的不足」，即學生對於九九乘法表不夠熟悉而產生；其次才是運算過程中的錯誤運算程序，例如「進位數重複相加」或是「進位數直接與十位數相乘」…等，因此如何避免因提示（如進位數的位置）而混淆甚至干擾了學生的計算，對初學者而言是不容忽視的。

## （二）除法運算的錯誤類型

1. 錯誤類型一：各數字單獨相除，若被除數小於除數，則以除數除以被除數。

$$2 \overline{)\, 1\ 7\ 6} \quad\quad 2\ 3\ 3$$

$$4 \overline{)\, 8\ 2\ 4} \quad\quad 2\ 2\ 1$$

　　此種錯誤類型來自學生不瞭解被除數與除數的關係，同時也缺乏位值的觀念，因而把數字分別看待，若被除數小於除數時，則改用反向相除 ( 將除數除以被除數 )。

2. 錯誤類型二：倒置商數，將商數的十位數與個位數相反放置。

$$\begin{array}{r} 5\ 2 \\ 3\ \overline{)\ 7\ 5} \\ 6\ 0 \\ \hline 1\ 5 \\ 1\ 5 \\ \hline 0 \end{array} \quad\quad \begin{array}{r} 6\ 7 \\ 3\ \overline{)\ 2\ 2\ 8} \\ 2\ 1 \\ \hline 1\ 8 \\ 1\ 8 \\ \hline 0 \end{array}$$

　　此種錯誤類型的學生在進行除法運算時，雖然是將被除數由左而右來除以除數，然而在記錄商數時卻是由右至左的相反順序，可能是在一般的加、減、乘法的算式過程中，均是強調由個位數開始，由右至左的來計算，所以學生形成錯誤想法，誤認為除法也是相同作法，將結果由右至左來記錄。

3. 錯誤類型三：被除數不夠除時，商數未補 0。

```
          1 3                          3 2
   8 )  8 2 4                  9 )  2 7 2 1
        8                           2 7
        2 4                         2 1
        2 4                         1 8
          0                           3
```

　　此種錯誤類型來自學生忽略位值的觀念，因而當被除數的十位數不夠除時，商的十位數並未先補 0，卻直接將被除數的十位數與個位數合併成兩位數繼續除以除數，得到商的個位數接著寫在百位數後，產生錯誤答案。

4. 錯誤類型四：無論是否整除，皆在商的個位數多加 0。

```
         8 3 0                        5 3 0
   6 )  4 8 1 8                7 )  3 5 2 5
        4 8 0 0                     3 5
          1 8                         2 5
          1 8                         2 1
           0                           4
```

　　此種錯誤類型與上述第三類型十分相似，問題皆來自學生忽略位值的觀念，不同的是一種未在商數加 0，另一種是在商數的個位多加 0，商的位置發生錯誤，導致答案不正確。

　　在以上除法錯誤類型的例子中，雖然出現了被除數為三位數甚至是四位數的情形，超過了目前本研究中國小三年級上學期「兩位數除以一位數」的範圍，但是因為其基本運算的歷程相同，在兩位數除以一位數情形下，也有可能出現類似的錯誤，所以研究者認為還是值得納入探討。

　　事實上，除法運算與加、減或乘法最大的不同點乃是除法計算時的順序是由左而右，且運算過程中涉及了倍數的關係與商數的位置，容易讓學生產

生錯誤，而且學生若不熟悉九九乘法表，在決定商數時亦會有困難。因此在除法的錯誤類型中，「數字單獨相除」、「商數未補 0」、「商的個位數多加 0」…等等是十分常見的錯誤。而在黃偉鵰（1994）除法測驗的受試學生中，又以「商數未補 0」所犯的錯誤最多。

## 二、乘除法問題的分類與解決策略

### （一）乘法問題的分類

乘法有各種不同的問題情境和類型，根據 Bell（1989）等人的研究，我們可以透過乘法的因子關係，將乘法的問題情境分成非對稱性（asymmetrical situation）及對稱性（symmetrical situation）兩大類：

#### 1. 非對稱性情境

這類情境中，乘數和被乘數有不同的意義和單位，扮演的角色互不相通。可分成以下三種情境：

#### （1）分組（group）情境

例 1：「蠟筆每盒有 7 枝，8 盒一共有幾枝？」

例 2：「某班數學課討論時，分成 5 組，每組有 6 個人，全班共有多少人？」

> 這類問題均會描述某些集合中有一「等數量」的元素（如 7 枝、6 人），也會有描述組類的詞句（如盒、組）。

#### （2）比率（rate）情境

例 1：「全班每 3 個男生配一個女生成一組，剛好分完，如果班上有 9 個女生，請問班上男生有幾個？」

例 2：「泡酸梅汁時，每一杯酸梅原汁，要配 6 杯的水，酸度才剛好，7 杯酸梅原汁要配多少杯的水？」

> 這類問題情境隱含著一種不變的關係，在例 2 中，水是酸梅原汁的 6 倍，當酸梅原汁杯數為 7 時是其中一種情境。

（3）純量積 (scalar multiplication) 情境（倍的情境）

例 1：「小青有 8 個玻璃珠，小華的玻璃珠是小青的 5 倍，小華有幾個玻璃珠？」

例 2：「小明的蘋果和小美的 3 倍一樣多，已知小美有 4 個蘋果。請問小明有多少個蘋果？」

> 這類問題，以例 2 而言，乘法因子（3 倍）可視為乘數。這種情境也可以視為「多對一對應」（many-one correspondence），即小明的 3 個蘋果對小美的 1 個蘋果（Greer, 1992）。

2. 對稱性情境

　　在這類情境中，乘數和被乘數的角色相通，且可以互換。可分成以下二種情境：

（1）笛卡兒積（Cartesian multiplication），或交叉積（Cross-product）

例 1：「美美有 4 件上衣，5 件裙子，她可以有幾種搭配方式？」

例 2：「假如有 4 個男生和 3 個女生在跳舞，請問有多少種的舞伴關係可能存在？」

> 這類型的問題情境，符合正式數學中所定義的乘法情境（$m \times n$），因為 m 和 n 的性質相同可以互換。

（2）**陣列和面積模式**（array and area models）

例1：「教室的座位有 7 排，每排有 6 個座位，教室裡一共有幾個座位？」

例2：「國華的書桌長為 50 公分、寬 60 公分，國華的書桌面是幾平方公分？」

> 這類型的問題情境前者為離散、後者為連續，乘法可由離散量引至連續量，由整數引自小數及分數。以排列磁磚為例，可由磁磚之分組或排成矩形陣列之總數，引至覆蓋面積之計算。

## （二）除法問題的分類

1. 教導除法問題前需先理解「平分」與「分裝」意義：

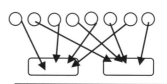

$$8（個）\div 2（個）= 4（袋）$$

$$8（個）\div 2（袋）= 4（個）$$

（1）除以 2 代表是什麼？以左圖來看，是 2 個 2 個裝一袋，所以是 $\div 2$ 個；以右圖則是分裝到 2 袋中，所以是 $\div 2$ 袋，雖然看起來算式都一樣，了解後，學童較容易知道，除出來的是 4 袋還是 4 個。

（2）協助學童理解算出的答案是 ”個” 還是 ”袋” ？

（3）建議老師做 ”圈選的動作” 或 ”分裝的動作”，然後讓學生依據老師的動作來擬題。使其更明白平分與分裝的意義。

2. **理解「等分除」和「包含除」的差別**

過去的研究對除法問題的情境模式，主要區分為「等分除」（partitive division）與「包含除」（quotitive division）的兩種基本類型。這樣的區

分可以對應於整數乘法或解題者處理問題的認知運作上的差異加以解釋（Greer, 1992）。

首先，若以整數的乘法考慮之，由於大多數教材的安排，兒童在學習除法之前，已先學得某些整數乘法的經驗。而一般小孩建立乘法應用的最早情境為「在情境中有一些組，且每一組有相同的物件數，求物件的總數是多少？」例如：「有 3 個小朋友，每一個小朋友有 4 塊餅乾，他們共有多少塊餅乾？」假設以如此的情境作為乘法概念化的起始，那麼乘法運算中的兩數很清楚是扮演著不同的角色。上述問題中的餅乾的個數是單位量（被乘數），而小朋友的個數是單位數（乘數）。在這樣的情境中，和它相對的有兩種類型的除法。

**第一種類型**：即是以總數除以組數以求得每一組有多少個時，我們稱之為「等分除」（partitive division）。這與兒童熟悉且早期經驗的實際等分的情境相對應。

> 例 1：「全班有 40 個小朋友，要平分成 5 小隊，每一小隊有幾個小朋友？」
>
> 例 2：「媽媽做了 18 個布丁，要平均裝在 3 個盒子中，每個盒子可以裝幾個布丁？」

**第二種類型**：若以總數除以每一組的個數以求得組數時，我們稱之為「包含除」（quotitive division），有時候也被視為「測量除」（measurement division）（Greer, 1992）。

> 例 1：「王老師有 36 枝鉛筆，預計分給班上每位學生 4 枝鉛筆，請問全部分完，共可分給幾個小朋友？」
>
> 例 2：「美美有 72 個氣球，每 8 個綁成一束，可以綁成幾束？」

因此相對於乘法問題，等分除是解決單位量未知的問題；而包含除是解決單位數未知的問題。

其次，若以解題者在「等分除」和「包含除」兩類問題的認知來考慮，下圖 1 和圖 2 說明了這兩類問題在解題運思的不同表徵（楊瑞智，1997）：

---

（1）等分除的問題表徵

「小明有 35 顆彈珠，想要平分到 5 個盒子裡，1 個盒子可以分到幾個彈珠？」它的圖示表徵如下：

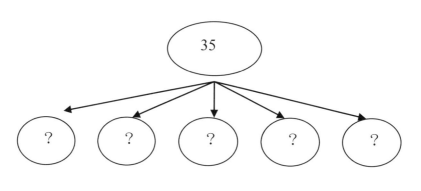

---

（2）包含除的問題表徵

「小明有 35 顆彈珠，想裝在小盒子裡，一盒裝 5 顆，全部裝完，可以裝成多少盒？」它的圖示表徵如下：

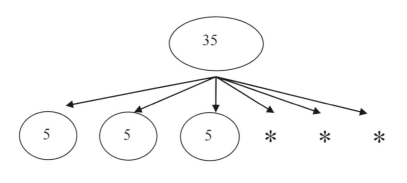

---

從以上這兩個表徵圖例說明中可以發現，要解決上述這兩個問題，雖然最後形成的除法算式都是一樣「35÷5」，但是解決這兩個問題的認知運作過程顯然是不同的。

## 2. 有餘數的除法類型

在實際生活中，常會遇到被除數無法被整除的情況，所以學生必須學會如何處理有餘數的除法問題，從餘數的觀點來看，這些除法問題基本上可分為以下四類（Carpenter et al., 1999）：

### （1）答案是商數加 1。

我們可以用下面一個包含除的例子來說明。

例 1：「有 20 個人要搭車去看電影，如果一輛車只能乘坐 3 個人，問最少需要幾輛車才夠？」

根據上面的題意來解題，20÷3 ＝ 6⋯2，除 6 輛車之外，還需要額外增加一輛車讓剩下的 2 人來搭乘，即商數 6 ＋ 1，總共需 7 輛車才能讓全部的人都能搭乘。

### （2）商數即是答案，且餘數不會影響到答案的考慮。

我們可以用以下包含除及等分除各一個例子來說明：

例 1：「3 個蛋可做一個蛋糕，17 個蛋可做幾個蛋糕呢？」（包含除）

例 2：「王媽媽有 21 顆糖果，她要平分給她的 5 個小孩，每個小孩可分到幾顆？」（等分除）

### （3）餘數本身即是答案。

例 1：「媽媽做了 26 個月餅，如果將每 6 個月餅裝成一盒，最後會剩下幾個？」

### （4） 答案會有分數。

例 1：「媽媽買了 17 顆梨子，全部要平分給 3 個小孩吃，每個小孩可以分到幾顆梨子？」

有關上述餘數的除法，教學時建議用圖像導入，建議教學步驟：例如 16 顆巧克力，若每人分 3 顆，可分給幾人？會剩下幾顆？

## 三、結語

　　教師的任務在於幫助學生能有意義及有效的學習，學者們普遍認為分析學生常錯的數學概念可以了解學生的內在概念，能使教師更清晰的了解學生的心理運作，對於教學策略的修正、補救教學的實施有相當大的幫助。因此，面對學生乘除法錯誤類型，教師應分析其原因並尋求相關解決之道，方能針對學生在概念學習上可能遭遇的困難加以防範，並對其所產生的錯誤加以診斷（王全興，2010）。

【本文取自王全興（2012）。國小學童乘除法運算常見的錯誤類型。新北市
　　教育電子報，73，未出版。】

參考文獻

王全興（2010）。數學迷思概念的成因與解決策略。**全國教師在職進修網教師專業發展電子報，13**，未出版。

黃偉鵑（1994）。**小學生數學運算錯誤類型之研究**。國立政治大學教育學系碩士論文，未出版。

Ashlock, R. B. (1987). *Error patterns in computation*. New York: Maxmillan Publishing Company.

Bell, A., Greer, B., Grimson, L., Mangan, C. (1989). *Children's performance on Multiplication word problem: Elements of a descriptive theory*. Journal for Research in Mathematics Education.

Carpenter, T. P., Fennema, E., Franke, M. L., Levi, L., & Empson, S. B. (1999). *Children's Mathematics: Cognitively Guided Instruction*. Reston, VA: The National Council of Teachers of Mathematics.

Graeber, A.O. & Wallae, L. (1977). *Identification of systematic errors: Final report*. (ERIC Document Reproduction Service N0. ED 373409)

Greer, B. (1992). Multiplication and division as models of situations. In D. A. Grouws(Ed.), *Handbook of research on mathematics teaching andlearning* (276-295). Macmillan Publishing Company.

教育思想起

看見老師、學生核心素養

【態度】號角響起

# 1 翻轉教育的理念及其翻轉領導的運用

## 一、前言

　　您們知道翻轉教育嗎？它是一種教學法嗎？它有哪些優勢和困境呢？還有身為一位校長該如何進行翻轉領導呢？有人說：「堂堂正正的走，為何要翻轉呢？」也有人說：「翻幾圈、轉幾圈、正翻、側翻，如何翻才算是翻轉呢？」。

## 二、翻轉教育的理念

　　翻轉教育起源於美國科羅拉多州立兩位高中化學教師 Bergmann 和 Sams，再經由 Khan 學院創辦人薩曼‧可汗推動，其背後理論基礎包含哲學、教育學、心理學及社會學科觀點，譬如說：Dewey 實驗主義 做中學、Piaget 建構論 認知發展理論、Vygotsky 近側發展區 ZDP 鷹架教學、Lewin 團體動力學、Bruner 發現學習理論、Gardner 多元智能理論、未來教育學……等。

　　在學習金字塔圖中發現，教學現場中以老師為主體和以學生為主體的學習成效不一樣，我們可以發現以「老師為主體」，強調單向聆聽、閱讀、聽與看、老師單純示範，其成效較差；相反的，「以學生為主體」，強調小組討論、實作演練、交給別人或立即應用，其成效較佳，從學習金字塔圖中，我們思考到校長領導應有何種思維呢？我們再從教學效果曲線圖中發現，當課堂開始到課堂結束，教師教學重點與學生注意力高低並沒有吻合，當我們要教導給學生的重點往往和學生專注力的時間大相逕庭，這就是心理學上的初始效應和時近效應。

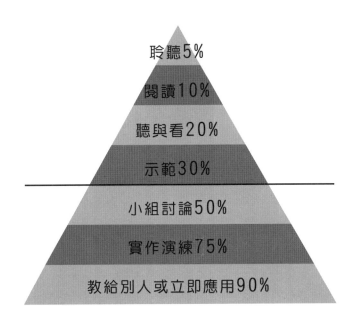

## 學習金字塔(Learning Pyramid)

　　傳統教學模式和現在翻轉學習模式在課前、課中及課後有所不同，傳統的教學模式強調是課前預習、課中講解、課後複習；翻轉學習模式則強調課前自學、課中討論解決問題、課後社群活動及延伸教學；著重的是主動、互動與行動。

　　換言之，翻轉教育強調培養學生高層次的能力或素養，從 BLOOM 認知領域教學目標分類圖中，傳統教學模式強調老師教授「知識、理解」概念，翻轉教室則強調老師需要去引導學生「評鑑、創作」高層次的思維。

　　由此可知：翻轉教師強調培養學生主動、互動與行動素養，其核心精神與思維為 1. 由教師中心轉為學生中心；2. 由教師的教轉為學生的學；3. 由被動學習轉為主動學習；4. 由學習的結果轉為學習的歷程；5. 由單打獨鬥納入協同教學；6. 由個別競爭納入合作學習；7. 由教師教學納入遠距教學；8. 由消極懲處轉為積極增強；9. 由聽從指示轉為激發創新；10. 由獲得知識轉為素養學習。

它的優勢包含：1. 學生可以依照自己的速率來學習（自控、自動）；2. 學生的興趣與投入更為提升；3. 缺課時學生隨時上網觀看補課內容；4. 老師更有時間處理學生的迷失概念；5. 老師更有機會處理學生的學習困難；6. 教室的使用將更為有效且具創意；7. 資訊科技遠距教學行動學習蔚為風尚。當然它也產生一些困境或問題，例如：1. 時間問題；2. 慣性問題；3. 考試壓力；4. 社會文化落差……等。

舉個故事來說好了：如果有人告訴你，從一顆棉花糖就可看出一個人未來的成就高低，這是不是太神奇了呢？「棉花糖理論」是美國史丹佛大學一項有名的實驗。這個實驗是把小朋友單獨留在房間裡，並且發給他們每人 1 顆棉花糖，讓他們自行決定要馬上吃掉棉花糖，或是等 15 分鐘之後再吃，願意等的小朋友，可以多得 1 顆棉花糖當作獎賞。幾 10 年後，經研究人員的追蹤研究發現，每一個能夠等待獎賞的小朋友，長大後的社會成就遠比那些馬上吃掉棉花糖者要來得成功。由此看來，那些懂得不急著吃棉花糖的人之所以獲勝，是因為他們沒有因小小的成功而自滿，相反的，那些急著吃棉花糖的人則容易因自滿驕傲而停滯不前。成功或失敗的關鍵，就在於能否以一顆強烈求勝的企圖心（動機），自我要求，在達成目標之前，絕不稍有鬆懈。

接下來「獅子與猩猩的一天」：在非洲草原上，每天清晨，猩猩醒來時，就知道自己一定要比獅子群中跑得最快的那隻獅子還要快，否則，自己就會被吃掉；而在草原的另一端，每天清晨，獅子醒來後，他知道他一定要跑得比最慢的猩猩還要快，否則，他就會餓死。重要的，不是你是猩猩還是獅子，而是太陽出來後，你最好就拚命地跑吧！當我們每天對著陽光拚命奔跑時，心中想著棉花糖的甜美滋味及成功的喜悅，再怎麼辛苦也值得。

有三隻青蛙同在一片葉子上順流而下，其中一隻青蛙決定要跳進河裡。請問現在葉片上剩下幾隻青蛙？答案是葉片上仍有三隻青蛙，因為「決定」要跳，跟「真的」要跳是不一樣的。所以，任何計畫沒有付諸行動力就等於沒有開始。

## 三、翻轉領導的應用

身為一位領導者校長,翻轉領導該有怎樣的態度與思維呢?研究指出:教室冰冷指數決定教學成效,學校冰冷指數決定領導成效。所謂教室冰冷指數指的是 1.教師距離講台有多遠? 2.學生從第幾排坐起? 3.課堂中學生使用 NB 或手機比率為何?當教室愈溫暖,冰冷指數愈低。那什麼是學校冰冷指數呢?領導者和學校親師生或社區人士距離有多遠?領導者的熱情和活力能感染到全體親師生嗎?領導者能針對個人特質、行為,不同情境權變,採取多元、適配且合宜的領導方式,創造屬於每一個人的「領導流」。

以下介紹一些翻轉領導應具備的態度與思維:

1. 發展特色、拿出成效:身為一位校長需站在第一線發展學校特色,我們到學校是「做」校長,而非「當」校長。

2. 即時激勵、表揚伙伴:我們需要適時激勵伙伴,公開或私底下表揚,不吝於給予鼓勵。

3. 擘劃願景、願意追隨:領導者需提供清晰易懂願景,贏得全體親師生信賴。

4. 信任伙伴、籌組團隊:每個人的專長特質不同,領導者需籌組團隊並信任專業。

5. 擬定目標,熱血沸騰:校長就要像 NBA 球隊教練一樣,要能指揮若定,也要能讓球員熱血沸騰,人人都想上場拚命。

6. 分工設職、和諧共鳴:校長需讓小組團隊互信互助,分工合作,方能演出最佳合奏曲。

7. 明辨是非、排解糾紛:翻轉領導並非跨越疆界、跨越界線,而是在一定範疇裡(法理情)下進行突破與創新。

8. 鼓勵建議、認真傾聽:領導者需瞭解傾聽伙伴心聲與難處,鼓勵勇於表達,停留有時也是一種翻轉。

9. 善用資訊、科技領導:領導者需具有科技領導的素養,以追求學校教

育的「高度績效、精緻品質、卓越風格」，並充分發揮對「學生學習權利及受教權利」的保障與落實。

## 四、結語

不論是翻轉教育或翻轉領導，它們都是一種態度、一種思維，也是一種行動；是個人、是團體與組織的結合，不論是教師或校長領導者需建構學校願景與目標；設計出鼓勵與支援的方法；預留時間與資源溝通價值觀；形成社群與支持團體，積極為學校及學生架構溫暖及幸福感！

【本文取自王全興（2016/06）。翻轉理念在領導的應用。師友月刊，588，32-35。】

# 2 代間教育的理念與落實

## 一、前言

「代間教育」（Intergenerational Education）指的是一種強調成人與孩童雙向學習的教學活動方式，透過世代間的交流互動，讓老少成員都能有所收穫和成長。這樣的觀念不論在當今社會或國際上皆備受重視，並開始不斷發展將其融入各類教育活動當中（劉思岑、歐家妤，2005；Kaplan, 2007）。Hatton-Yeo 和 Ohsako (2000) 曾分析指出，代間教育在世界各地蓬勃發展是由於全球許多國家正共同面臨著：高齡人口的遽增、個人的角色貶損、家庭結構轉變、終身學習興起、代間隔閡擴大，以及對代間融合議題之重視等社會趨勢使然，而台灣也不能置身度外。由於代間教育相關議題受到世界各國的重視與運用，它在不同國家有其不同用法，常用的用語包含：代間教學、代間學習、代間方案等（林麗惠，2002；林歐貴英、郭鐘隆，2003；黃富順，2004）。

## 二、代間教育的重要性

在個體發展過程中，家庭是一個很重要的生活場所，而家庭中人的組合亦是影響個體生活的重要因素。因為家庭中的每位成員，均在家庭中不斷成長變化。不論是成年父母與子女間（親子間）的相處，或是成年父母與自己年老父母的相處，或是祖孫三代的相處，甚至是隔代教養的相處，彼此都必須依照自己以及對方的生命階段變化隨時調整，才能達到融洽的狀態。根據最新內政部資料顯示（2010 年 11 月），我國現今 60 歲以上老年人口佔總人

口 15.11%，20 歲以下年輕世代人口佔總人口 22.65%（內政部，2010）；推估到民國 115 年 65 歲以上老年人口將佔總人口 20.6%，達到所謂「超高齡社會」的標準，而一般國人仍習慣以家庭生活作為老年生活的重心，所以老年人與家人之間的關係日趨重要。由上可知，在當前老年人不受重視的年代裡，代間教育可使參與者學習如何與不同年齡之間的相處，讓不同世代間有相互學習與經驗分享的機會，使學習效果得以提高，漸漸的讓高齡者感受到被年輕族群所重視，並讓不同世代均能相互學習、尊重與包容，接納對方的觀念與獨特性，達到良性的循環，相信親子關係也將更為和諧（黃國城，2007）。

## 三、代間教育落實策略

教師對於代間教育的落實，具有一定的影響力，如何讓世代間彼此學習，分享對方的經驗與看法，確實具有舉足輕重的角色。以下提供若干策略作為推動時的參考：

### （一）結合教育部全國祖孫週活動，學習祖父母的經驗和智慧

美國研訂每年 9 月第一週為祖父母節，新加坡將每年 11 月的第三個星期訂為樂齡週，葡萄牙將 7 月 26 日訂為國家祖父母日，而臺灣亦將每年 8 月的第四個星期日訂為祖父母節，在在都強調祖孫世代之間的互動，能使祖父母自我成長、增進知識，並對生命有更深的體悟，而孫子女也能從與祖父母的互動中進而培養尊老與親老，建立無年齡歧視之親老與尊老的社會（教育部，2010）。學校或教師可以利用暑假或學期初安排一系列學習之旅，例如：參與祖父母的生活，體驗祖父母的經驗；選拔模範阿公、阿嬤，重建倫理社會；舉辦樂齡學習活動，邀請老中青三代同堂；鼓勵祖孫共學，營造家中的共讀情境；大手攜小手、快樂學習去；邀請具有專長的祖父母，蒞校貢獻經驗與智慧（諸如：繪畫、攝影、自然科學、動植物、本土語言……）等。

## （二）課程設計多元有趣並結合親子世代的生活經驗

代間教育應該是與學生日常生活息息相關的，而不是一堆枯燥乏味的文本教材，為了突破學生對於以往家庭教育的刻板印象，以及讓學生更能夠說出自己可以用何種方式更加認識祖父母輩，並如何去整理從祖代、親代到子代的家族核心思想，身為一位國小教師，除了配合課程的改革與創新外，更應嘗試在教材、教學過程，以及多元評量裡融入繪本，使課堂能縈繞在「繪本」、「生活」、「遊戲」、「情境」、「多元評量」中，並讓學生樂在學習、享受學習。代間教育的學習需不斷精進與創新教學，透過課程的重新設計與教案的修訂，逐漸聚焦在教學能力指標的達成，同時調整與學生之間的互動，以提升學習者有效學習為目的。至於遊戲、繪本與資訊科技則是以「適時適地」的融入為基礎，以不過分強調學生「純娛樂」及「資訊科技能力」為方針，而是營造出兼具達成教學能力指標與生活情境的學習環境，透過教學者不斷檢討改進，酌用各方有用資料，以達成精進教學與創新教學之宗旨。

## （三）代間教育與各領域或重大議題進行統整

代間教育並無單獨設科教學，因此若能將代間教育融入各領域或加以統合，圍繞一個主題或以相關的概念來進行統整教學，強調整體的學習，而不是關心教材份量記憶的堆積，將更能有效地、充分利用教學時間。因此，統整概念可以說是基於「學習」的本質與「學習者」的需求，而將各種課程內容與要素串連起來，並與生活情境緊密結合，使其產生有意義的關連與融合，讓學生獲得最好的理解和整體的學習，這或許是代間教育未來可以採行的策略之一。舉例來說：為了能夠在短時間使教學者與學生之間，以及學生彼此間能建立和諧友善的關係，可以思考採用藝術融入代間教育策略，來促進互動性與面對面的溝通，亦可藉由學生作品的分享與展示，來增進彼此的親善關係。最後，透過展示後的境教與境化效果，在學生完成單元主題時，能夠發表與呈現他們的學習成效，並將成效延續下去。

## （四）重建傳統優良家庭文化，進行發展與傳承

　　古時候的大家庭（三代同堂）型態已慢慢轉變為現今的小家庭，傳統親子間的互動與溝通相當頻繁，而現今有一部份被媒體、補習、電玩或漫畫等取代。此際，代間教育很重要的一部份即在瞭解家庭文化的發展，所以教師需針對家庭中親屬關係進行更深層的探析，瞭解社會上各個家庭結構的異同與特性，讓學生有所領悟。鼓勵學生參與家庭文化與傳統活動，省思文化及傳統如何影響個人與家庭發展，也可透過一連串活動設計與教學課程，並結合境教部分，讓學生體會與意識到文化與家庭間的關係，若能安排相關體驗的課程，效果更佳。

## （五）發展代間教育教學平台，鼓勵教師分享

　　網路上的資源雖多，但有關於代間教育卻是最少與不足。此外，很多的資源均須經過教師費時費力的重新組織才能為教學者所使用，對於備課時間及電腦能力均有限的教師而言，甚為不便。因此若能由有關單位針對教材內容，建置簡便易用之教材資源或教學平台，鼓勵所有人員將有助於祖孫的活動或設計分享出來，相信相當有助於代間教育之推動。

## （六）採行多元評量方式，潛移默化學生的改變

　　代間教育課程不宜過度使用傳統紙筆測驗，反而可以使用觀察法，觀察學生上課的各項表現；透過小團體或分組合作，藉由發表彼此分享家中的狀況與經驗；利用繪本教學，實做評量學生學習表現；運用各類學習單問題，增進祖孫互動；製作感恩祈福賀卡，畫（寫）出內心的感謝；記錄祖父母日常生活作息，進行檔案的評量；藉由劇本發表及角色扮演，體驗祖父母的辛勞；進入社區訪問長者或耆老，瞭解過去歷史的演變……等。

## 四、結語

目前親子疏離現象日遽嚴重，孫子不瞭解祖父母的姓名，孫子不瞭解祖父母的想法，不同住中很少電話聯繫，對於老人常存在「保守」、「依賴」、「少活力」，「需照顧」等錯誤刻板印象與迷思。因此，如何透過社會教育、學校教育及家庭教育三方的合作與經營，讓祖孫之間的隔閡與疏離減少，讓溫暖與互動增加，都是未來亟待努力的方向。

參考文獻：

內政部（2010）。**國情統計通報**。台北市：內政部。

林歐貴英，郭鐘隆（譯）（2003）。**社會老人學**。台北市：五南。

林麗惠（2002）。高齡者參與學習活動之探究。**成人教育學刊，6**，107-129。

教育部（2010）。**教育施政理念與政策**。台北市：教育部。

黃國城（2007）。代間學習及其對高齡教育之啟示。**社區發展季刊。118**，265-278。

黃富順（2004）。高齡社會與高齡教育。載於中華民國成人及終身教育學會（主編），**高齡社會與高齡教育**（頁1-30）。台北市：師大書苑。

劉思岑、歐家妤（2005）。**運用代間學習推動環境教育之研究回顧**。載於台北市立教育大學環境教育學術研討會論文集，51-58。

Hatton-Yeo, A. & Ohsako, T. (2000). *Intergenerational programes: Public Policy and Research Implications an International Perspective*. The UNESCO Institutefor Education & The Beth Johnson Foundation. Retrieved November 15, 2009, from http://www.unesco.org/education/uie/pdf/intergen.pdf

Kaplan, M. (2007). Intergenerational Approaches for Community Education andAction. 載於國立台中教育大學（主編），**成人教育與環境教育的新交集：代間方案工作坊論文集**（頁67-79），台中市。

# 3 品德教育的重要性與落實之道

## 一、前言

在美國，超過三十州正大力推動品格教育（character education）。品格教育內容主要包涵：道德教育、公民教育、人格成長三大領域。而且強調「我們不僅要教孩子如何讀寫，更要有勇氣教他們分辨對錯」。而大力支持品格教育的美國總統布希，特別把二〇〇二年推動的品格教育的預算從二億五千萬美元提高三倍。在英國從二〇〇二年八月開始，首次把公民教育（citizenship education）放在中學裡實施，來促進學生心靈、道德，以及社會與文化的發展。在澳洲教育當局特別要求學校，把公民教育放在跟英文數學同等重要的地位。而德國自 2006 年 8 月起每週兩小時的倫理課 (ethic) 列為必修，從七年級生開始實施，往後每年擴展一個年級，直到十年級為止（王全興，2006a）。還有日本的教改報告書也指出，「能否培養出道德情操和創造力都足以承擔二十一世紀的日本年輕一代，將決定未來的命運，當務之急是要加強學校道德教育」。對於向來不遺餘力推行道德教育的新加坡，在一九九〇年就由國會通過「五大共同價值觀」，做為新加坡道德教育準則（周慧菁，2003），另外在 1992 年由一群心理學家、倫理學家、政界人士與教育界人士，齊聚美國科羅拉多，分享有關品格教育的想法與研究心得。會議結果推出「品格的六大支柱」：尊重、責任、公平、關懷、值得信賴、公民責任（周慧菁，2003）。由此可見，教育先進國家都非常重視學生品格教育之實施。

# 二、教育部近年來大力推動品德教育（教育部，2012）

## （一）品德教育促進方案

教育部於民國 93 年訂頒「品德教育促進方案」5 年計畫，請各縣市及各校透過民主方式，再配合各校校訓與德目為基礎，參考當代新價值與思潮，選定其品德核心價值並制訂具體行為準則，把課程進而融入學校正式課程、非正式課程以及校園文化中；再於民國 95 年徵詢各界意見後將原方案微幅修訂，督促各校將品德核心價值與行為準則融入相關學習領域及彈性學習節數中實施，並納入學期課程計畫中加以審慎規劃。此外，教育部為鼓勵學生從「做中學」，以強化專業知識的應用與關懷利他價值的實踐，乃積極推展「服務學習」，並於民國 96 年 5 月訂頒「大專校院服務學習方案」，以鼓勵各校透過有系統的設計、規劃、督導、省思及評量，以來達成設定的學習目標，促進學生的社會與公民責任、服務技能、反思學習與批判思考能力。

到了 98 年「品德教育促進方案」計畫已屆滿，教育部為持續推廣品德教育，經多次研擬後再度提出接續的 5 年計畫。第二期的 5 年計畫，著重品德教育推動的優質化與永續性。首先，將鼓勵學校運用全方位推動策略與採用多元教學方法，以提升品德教育實施的深度與廣度。其次，將著重校長與教師的生命成長與品德教育知能提升，使其進而激勵學生成長與促使品德教育有效推動。再者，品德教育相關課程與教材的研發、品德教學方法與評量的創新，以及校園品德文化形塑等，亦為推動的重要項目。最後，本方案將強調增進校內外資源的有效整合，使品德教育由學校教育擴展到家庭教育與社會教育 ( 引自教育部品德教育促進方案 )。

## （二）臺灣有品運動

教育部於 2009 年 6 月啟動「臺灣有品運動」列，由馬英九總統擔任列長，結政府執行力、企業影響力和非營利組織（NPO）的社會力，推動「人人有三品」（做人有品德、做事有品質、生活有品味）和「社會有三好」（他

好、你好、我好、臺灣更好）。「臺灣有品運動」預計將撥 9.7 億元經費來推動（原為 12 億元），並在調查全國四千多所學校後，選出「尊重生命、孝親尊長、負責盡責、誠實信用、團隊合作」，作為最優先推動的五項品德核心價值。「臺灣有品運動」包含品德教育計畫、藝術扎根計畫、終身閱讀計畫（悅讀 101 計畫、閱讀植根計畫）、環境永續計畫。

## （三）品德深耕與推廣活動

1. 遴選補助 100 所品德教育推動績效良好之學校進行「品德教育推廣與深耕學校」3 年計畫，由各校就尊重生命、孝親尊長、負責盡責、誠實信用、團隊合作、 自主自律、謙虛有禮、主動積極、關懷行善、愛護環境、賞識感恩、接納包容、公平正義等選擇核心價值加以選擇與推動；亦可加入學校由下而上透過共識自訂之品德核心價值，再據以訂定具體行為準則；並就其核心價值與具體行為準則的選定、學校推動策略、措施與成效，加以反思、分享及推展。

2. 辦理品德教育推動實例發表與觀摩活動，並結合鄰近學校（同層級或跨層級）或民間團體建立合作夥伴關係；第 1 年補助 100 所學校深入且普及的實踐品德教育，第 2 年補助 300 所學校，第 3 年補助 500 所學校，作為其他學校之學習典範，並能帶動經驗分享與創新成長。由此可知國內也正在積極推動品德教育方案。

# 三、新課程改革的缺「德」危機

　　無論是九年一貫或十二年一貫課程改革，皆取消傳統道德設科教學，希冀能將品德融入生活、社會、語文等七大學習領域，但新課程獨缺國小生活與倫理及國高中的公民與道德，因此直接衝擊到品德教育落實，造成當今社會層出不窮的社會問題。

## 四、品德教育的落實之道

### （一）喚醒各界對品德教育重視，重新養成學生健全概念

　　二十一世紀是一個資訊爆炸的時代，各個國家都面臨著經濟和知識的衝擊，先進國家們都非常重視人民生活和品德教育，因為唯有培養學生健全的品德及養成良好的生活態度才是創造整個社稷的幸福以及提升國家競爭力的主要因素，這也正是讓未來社會更趨於良善的重要關鍵。在面對權威封閉時代，常規訓誡也許較能達到效果；但當今社會正邁向開放及多元的過程，對於生活常規過度要求時，反而容易成為師生間的衝突。

### （二）重建品德教育素養，兼重認知、能力、行動及態度

　　品格教育雖須落實生活之中，但非理所當然且表淺褊狹的常規習慣，而是具深廣意涵的道德判斷與實踐範疇，並建立在批判思考、同情理解、自由意志且知行合一的基礎上；另在品格教育的實踐上，若假外塑他律或管理強迫方式，極可能造就的是表面敷衍與心口不一的學生，或不知而行及盲從附和的下一代，此均非教育之期待。所以品德教育該怎麼教？要教些什麼？教的成效為何？是為目前教師們面對的重大考驗。

### （三）具體落實於學校教育場域，規劃品德教育融入的時間

　　應正視並積極尋求方法提升品德教育融入教學的情形。因為品德教育融入教學如果缺乏老師們的關注，可能會形成課程中三不管的地帶，所以由學校積極去推動，並明定品德教育融入的時間，可確保老師會意識到課程中融入教學的教育理念，可能可以提升品德教育融入教學的使用情形。

### （四）成立協同教學團體，採專業學習社群運作模式

　　目前教師對於品德教育方案採合作方式或專業學習社群並不踴躍，表示教師在協同教學及進一步的革新方案中，都抱持著遲疑不前的態度，若能成立教學合作團體或專業學習社群，加強規劃品德教育課程，並能一起分享經驗及資源，定能在取消倫理道德課程之後，讓品德教育融入正式課程、非正

式課程及潛在課程的成效更加明顯。

## （五）審視各領域教科書品德教育內容，方便老師取得並融入教學

如何讓老師們打破「例行化」的過程，最直接最便利的方式可能從教科書中取得或選擇適當的方式進行融入教學，因為教科書是為老師們取得資訊最方便的方式。所以政府機關在審查教科書時，可能要充份審視各領域教科書是否有充分將品德教育融入於課程內容中，再者也可以將如何融入的資訊提供在教學指引中，讓教師融入的情形更為順暢。

## （六）結合老師、家長、社區一起努力，建立校本品德學校文化

學校除了可以多舉辦親師座談並宣導品德教育的重要，老師亦可透過6E創新教學策略，統整正式課程、非正式課程、潛在課程等，便可發揮言教、身教與境教功能，讓親師生共同體現品德核心價值，建立品德本位校園文化之特色。進而帶動學校教師、家長與社區人士共同著力於品德教育行動研究、教材研發之風氣，塑造優質校園氛圍等，期盼能繼續為優質社會扎根與奠基。(王全興，2012b)。

## （七）推行親師生們所認同的品德活動，提升全體人員參與感

整體品德教育融入教學的情形，與老師們對本身學校所推行相關品德教育活動的認同度有密切相關，如何讓學生和家長對於學校推動相關活動有認同感，非常重要。所以，學校要推動讓親師生認同的相關活動，因為唯有當大家愈認同時，愈會投入更多的心力在融入教學中，其學生學習成效也就愈益明顯。

## （八）增進教師品德融入教學素養，透過課程、教學及活動落實

在品德教育融入教學中，老師扮演的角色特別重要。老師能否多充實知能，能否將學到的創新教學方法運用於自己的班級中，是為推行品德教育融入教學重要的因素之一。因為品格教育的實施乃需依據專業，亦即校園中所有教師與行政人員均需具有品格教育的知能與素養，方可藉由所有學科及領

域的正式課程、非正式課程（學務相關規範、學生自治等），以及潛在課程（校園環境形塑以及師生關係等），共同促進品德教育實施的成效。

## 五、學校可採行活動內容與重點

### （一）結合學校願景，自訂班約或中心德目：

若是學校願景為活潑進取、主動創新、好學有禮、和諧感恩的話，則可以透過由下而上方式，讓班級的小朋友自訂以「進取」、「主動」、「有禮」、「感恩」為核心的班約或中心德目，具體落實在生活上。

### （二）搭配班級親子手冊，惕勵自我，見賢思齊：

每天在親子手冊上記錄自我日行一善的事蹟，每週感謝他人對自我的幫忙與協助，培養對相關人事物見賢思齊，見不賢而內自省的自我反省檢討與改進能力，從而貫徹實踐。

### （三）融合日常生活周邊時事，進行價值澄清與判斷：

蒐集報章雜誌與相關時事，在課室中進行討論，在教師提供情境與討論機會下，透過價值澄清法討論在相同情境下解決問題的良方，進而獲得統整概念。

### （四）介紹古今中外品德典範人物，推薦班級品德王子與公主：

透過教師介紹品德典範人物，培養學生健全品德教育觀；同時鼓勵學生參與團體生活（角色扮演），進而舉薦班級品德王子與品德公主。

### （五）依學生身心發展階段，辦理品德體驗學習活動：

依照學生不同心智年齡及各項專長，辦理相關體驗學習活動，進而體驗各式各樣社會角色，諸如：社區小志工、服務小志工、演奏小志工……等。

### （六）整合校內外志工資源（家長會、志工團、教會、廟宇……等），身教重於言教：

藉由校內外品德志工現身說法，做為學生優良的楷模，內化在學生的心

靈當中，不僅鼓勵學生身體力行，亦兼重品德上的認知與實踐。

## （七）建立學校校品德榮譽制度，潛移默化習慣之養成，亦強調認知發展：

整合學校校目前各種好行為獎勵制度，建立本校品德榮譽制度，正向強化學生各種優良行為表現，避免消極懲罰行為的產生。

## （八）加強科際整合觀點，融入各類教學，型塑學校為有品幸福的生活校園：

將品德教育具體融入生活、社會、語文等七大學習領域，並結合各式活動（品德書法徵集、品德作文徵選、品德圖畫徵集、品德電影賞析、多元化品德評量等），發現每一所學校皆為有品幸福的快樂校園。

# 六、結語

品德教育是全面性、長期性、潛移默化的影響，政府的政策、老師的專業程度、家長的關注、社會的影響、課程的統整性都是目前亟需解決的問題。因此，品德教育在先天失調，後天失能下，推行與落實能否成功，實有賴所有人員關注與重視，並設法運用上述八大策略將其落實於學校教育、課程、教學及活動中，充分讓學生領略品德素養真諦。

參考文獻

王全興（2006a）。**九年一貫課程改革理論構念落實之評估研究**（未出版之博士論文）。國立中正大學。嘉義縣。

王全興（2006b）。體驗學習的理念及其教育情境的應用。**臺灣教育，640，**32-36。

周慧菁（2003）。品格 - 新世紀的第一堂課。**天下雜誌，287，**36-40。

教育部（2012）。**品德教育資源網**。教育部：國家教育研究院。

# 4 從批判教育學理論看資訊教育

## 一、前言

一些相關文獻顯示在教學或教育當中，很多建議報告指出最大壓力與危機來源是在於新科技，他們承認在學校及教學的危機是日漸複雜化，其中一部分的解決策略是將電腦快速的引進到學校，這種狀況直接造成了電腦急速的成長 (Apple, 1988：289)。幾乎所有國家文獻都特別注意到這個層面，尤其是那些正面臨大量社會與經濟問題的國家們；同時電腦也提供學生新的技能，這些技能正是面對國際競爭底下，市場經濟與工作職業所必須的，它同時也是一種創造更著重科技知識教學的力量，並且消除和弭平了很多教學上繁雜的事情，同時讓教學工作更富趣味性及創造性。但將會是如此嗎？

資訊科技日漸的普遍化、生活化與精緻化，似乎為學校教育開啟了許多的可能性。但就當前資訊科技在學校教育中的建置與使用，習慣以科技化關注，將問題簡化成技術性的手段，而忽略或隱匿批判性、政治性、經濟性、教育性、社會性與道德上的理解和討論 (Selwyn, 1999：48)。

因此，電腦或科技的現實與效果，既複雜且矛盾，就像是雙面刃一般，正負面同時產生。這代表我們絕不能僅用對或錯，來簡略回答所有電腦或科技的問題。

教學者或研究者應該採取批判方式、透過非壓制性與民主、對話等觀點，針對一向被我們所忽略或缺乏意識的，有關基本的、本質的、引起爭議的和政治、經濟、社會，以及道德上適切的議題進行深入瞭解，且當這些議題隱含著包括種族主義或性別主義公平、正義等問題時才顯現其重要性。教學者

或研究者不應侷限於既定形式，而是應發展多元的批判涵養，瞭解資訊科技的潛在課程。

　　本文擬揭露出許多預設的潛藏，這些預設深植在有關資訊教育的政策與實務上，很多相關的問題必須嚴肅地看待。舉例來說：全世界花費幾十億美元投入校園電腦，在目前各教育階段皆面臨嚴重經費問題時，這些花費是否值得？資訊教育是否必然帶來教學效果的提升？是否促進教師專業成長與行政的效率？是否落實社會正義與機會均等目標？資訊科技讓誰獲利了？在誰的控制下使用資訊科技？誰發動、研究並運用創新的資訊科技？某些族群是否公平的使用資訊科技？資訊領域的擴張，造成哪些後果？到底要維護網路上私人訊息的權益還是要將訊息公開？到底那一個是虛的，那一個是實的社會？語言限制問題（軟硬體、網路大多還是以英文或地區性語言為主）？到底誰來管理和維持網上的秩序？要怎麼樣維持？本文係從政治、經濟、社會，以及教育等四層面，發現公領域與私領域在各方面都遭受到霸權或宰制，尤其在學校與教室裡更是明顯。如何在「不可避免的論述」與「可能的論述」之間，尋找解決問題的答案，是我們應繼續努力的地方。

## 二、資訊教育的潛在課程

　　潛在課程 (hidden curriculum) 係指在學校或班級教學活動中，一些未經計畫或事先設計的活動或經驗，卻會暗中影響到學生學習目標達成的種種活動或經驗（陳伯璋，1985；吳清山、林天祐，2005）。從潛在課程這個名詞，可以知道其中暗示了有些刻意安排的活動，而實際上卻是含糊而隱晦的，也就是刻意安排卻不外露的欺瞞 (Gair & Mullins, 2001)。至於潛在課程的研究與發展，約自 1960 年代「反文化」運動，對於傳統學校教育不滿之後才開始，最早提出潛在課程一詞，係由 Jackson(1968) 在其《教室中的生活》(Life in Classroom) 一書中提出，隨後陸續引起一些課程學者和研究者的討論，其中較為著名的的學者，例如：德瑞賓 (R. Dreeben)、古席克 (P. Cusick)、包爾斯 (S.

Bowles)、金帝斯 (H. Gintis)、艾波 (M. W. Apple)、林屈 (K. Lynch) 等人 (Lynch, 1989)。一般而言,潛在課程依受訪者的專業取向被賦予不同的意義,有些人傾向結構功能主義、或是自由主義、或是人文主義、或是馬克思主義的、或是後現代主義批判理念,以及再製不平等與區隔分化。大體而言,潛在課程都已融入學校的生活,但是大部分卻為學術社群之外的人所忽略 (Apple, 2004; Cornbleth, 1990; Margolis, 2001; Vallance, 1991)。

另一方面,批判教育學陣營集合不同立場的論述,因此很難給予明確的定義,不過大抵可以這麼說,批判教育學是一種嘗試改變教育場域(包含學校內外)不平等結構的手段與方法,其最終的目的在於鬆緩受壓迫者的處境,並且終止人類所遭受到的壓迫形式 (Kanpol, 1999)。目前,批判教育學仍持續為教育理論與現實議題之間複雜辯證關係而努力,最近更著重在「重新理解教育裡文化政治意涵」的方向,展現出論題鮮活、論述有利的特徵(陳伯璋、張盈堃,2006)。因此,本文試圖從批判教育學的觀點論述資訊教育的潛在課程,其中 Nichols 和 Allen-Brown(1996)以重視社會不均等、矛盾與宰制的視野,認為教學科技不應僅只限於媒體、硬體科技系統應用之教學設計歷程等一般的描述,它還包括多數人所忽略之科技進入學習和學校教育的方式,不像理論上、實證上或其所宣稱的進步,具生產性和革命性的器物,而是有其潛藏的作用,甚至是有害的,值得我們深思。茲將資訊教育的潛在課程具體臚列於下。

## (一) 資訊科技與政治議題的潛在課程

近二十年來,國家的認同和統治權力,因為全球化經濟的來臨而受到挑戰與質疑。國家在貿易、生產,以及服務流通上的障礙,因為新科技不斷的創新與發展而逐漸崩解,在此一情景下,許多政府開始著手於人力資本的改善,以贏得新世紀的競爭優勢。因此,資訊科技就成為提升個人職場能力與國際競爭力的重要利器。在全球化資金市場快速流通及跨國企業不斷增加壓力下,部分國家仍欲極力保持既有傳統決策權力和官方威權,透過大量投資

於資訊科技，積極發展和建立國家層級之資訊基礎建設 (Selwyn, 1999; Selwyn, 2000)。為了進一步瞭解各國現況，簡要列出各國重要資訊基本建設投資與課程規劃於下表一。

**表一 各國重要資訊基本建設投資與課程規劃一覽表**

| 國家名稱 | 重要資訊教育計畫、投資與課程規畫 |
| --- | --- |
| 新加坡 | 壹、1996 年成立教育科技署<br>貳、資訊教育基礎建設計畫方面<br>　一、1997 年起推動五年的資訊教育總體計畫<br>　二、計畫每年投注 12 億美元，外加 3.5 億美元軟硬體建設與師資訓練費<br>　三、學生與電腦比（1999 年）：國小為 12:1；國中為 8:1<br>參、計畫 2002 年達到：<br>　一、小學利用電腦學習時間達 30%<br>　二、師生與電腦比 2:1<br>　三、提供教師筆記型電腦，兩個教師一台<br>　四、鼓勵廠商開發課程軟體<br>肆、中小學資訊教育規劃（2002 年）：<br>　一、中學一年級必修電腦概論課程<br>　二、強調資訊科技在其他課程之整合教學<br>　三、資訊科技教學的四個用途：<br>　　1. 教師運用電腦進行多媒體教學<br>　　2. 學生運用網路蒐集資訊進行學習<br>　　3. 學生運用電腦寫作創作<br>　　4. 學生運用高科技參與生產發明 |

| 國家名稱 | 重要資訊教育計畫、投資與課程規畫 |
|---|---|
| 香港 | 壹、1998 年提出：與時並進，善用資訊科技學習：五年策略<br>貳、資訊教育基礎建設計畫方面<br>　　一、計畫投注 292.5 億港幣（約 65 億美元）於軟硬體採購、校園網路建置、教師專業培訓（每員三千港幣培訓津貼）、課程與教學資源<br>　　二、民間優質基金會（QEF）資助約 7 億港幣（約 1.5 億美元）提升資訊教育素養<br>　　三、學生與電腦比（1999 年）：國小為 25:1；國中為 23:1<br>參、計畫 2002 年達到：<br>　　一、25% 學校課程利用資訊科技輔助教學<br>　　二、所有學校連上網際網路<br>　　三、所有班級處室架設區域網路<br>肆、中小學資訊課程規劃（1999 年）：<br>　　一、小學階段將電腦學習單元列入學校相關科目之中<br>　　二、中學階段設有普通電腦科課程<br>　　　1. 主要培養學生對電腦系統及資訊科技之認識與技能 |
| 日本 | 壹、提出資訊新政計畫<br>貳、在資訊基礎建設方面：<br>　　一、學生電腦比為 10:1（1998 年）<br>參、中小學資訊教育規劃（1999 年）<br>　　一、中學階段學生的資訊素養<br>　　1. 電腦應用於數學與科學之中<br>　　2. 規劃獨立的電腦課程<br>　　3. 電腦視為繪圖、文書處理、資料處理、資訊擷取、實驗控制及通訊工具<br>　　二、小學階段學生的資訊素養<br>　　1. 電腦作為學習和遊戲的工具<br>　　2. 主要熟悉電腦的運作 |

| 國家名稱 | 重要資訊教育計畫、投資與課程規畫 |
|---|---|
| 美國 | 壹、依循著前總統柯林頓宣示的對未來的教育目標<br>貳、資訊基礎建設方面<br>　一、學生電腦比：6:1（1999 年）<br>　二、公立學校網路使用率達 90%（1998 年）<br>　三、教室電腦連接網路：國小 36%；國中 40%（1998 年）<br>參、資訊教育規畫工作<br>　一、網路資訊科技為推動重點<br>　二、補助教師應用於資訊科技於各領域教學之中<br>　三、各州整合資訊科技於各學習領域<br>　四、除認識基本知識與操作能力，強調利用電腦解決問題與研究學習<br>　五、中小學資訊課程規畫<br>　　1. 各州實施情形不一，有的稱為電腦，有的改為科<br>　　2. 除獨立電腦課程外，亦積極推動資訊融入各領域教學 |
| 加拿大 | 壹、資訊基礎建設方面（1998 年）<br>　一、82% 的中小學做好網路基礎建設<br>　二、50% 學生郵件與網際網路之使用率<br>　三、學生電腦比為 9:1<br>貳、曼尼托巴省（Manitoba）資訊教育課程規畫<br>　一、電腦教育為跨學科主題之一<br>　二、中年級跨學科多媒體計畫，結合五到八年級，整合多媒體科技，期望學生獲得<br>　　1. 不同數位資源獲得資訊<br>　　2. 使用不同的電腦軟體處理資訊<br>　　3. 將資訊透過不同媒體進行溝通與傳達 |

| 國家名稱 | 重要資訊教育計畫、投資與課程規畫 |
|---|---|
| 臺灣 | 壹、資訊教育基礎建設計畫方面：<br>一、教育部自 1997 年推動為期十年的資訊教育基礎建設計畫<br>　　1. 重點為：提升資訊設備、延伸台灣學術網路、加強人才培訓、充實資訊教學資源、改善教學模式、推動組織制度、普及資訊素養<br>　　2. 所有中小學都有電腦教室，達到一人一機；中小學學生電腦比為 19:1（2000 年）；中小學以 ADSL 專線連接網際網路；台灣學術網路服務延伸至國中小；試辦班班有電腦方案；採購電腦輔助教具建置無障礙電腦工作站；補助偏遠學校網路電信費用<br>　　3. 教師資訊素養與技能培訓，2000 年底計 72 萬人次參加<br>　　4. 教學資源建置、補助國中小建置電腦教學軟體<br>貳、中小學資訊教育：<br>一、九年一貫課程與舊有課程標準並行的資訊教育<br>　　1. 八十二學年起實施：<br>　　　(1) 國小課程標準中無正式資訊課程，但多利用團體活動實施電腦教學<br>　　　(2) 國中課程標準二、三年級每週有一節必修電腦課<br>　　2. 九十學年起實施<br>　　　(1) 九年一貫課程，資訊教育列入資訊科技融入學習領域<br>　　　(2) 實習方式進行教學，並安排 20-40 的正式學習節數<br>　　　(3) 各學習領域進行教學，在適當實際運用資訊科技輔助教學<br>　　　(4) 學習資訊科技的使用概念、資料的處理與分析、資訊的溝通與表達及資訊的搜尋與應用<br>二、國民中小學資訊教育總藍圖（2001 年）<br>　　1. 整體願景：資訊隨手得，主動學習樂；合作創新意，知識伴終身 |

| 國家名稱 | 重要資訊教育計畫、投資與課程規畫 |
|---|---|
| 臺灣 | 2. 策略：從網路與硬體基礎建設、教材與軟體、學生教師與學校、城鄉均衡發展與縮短數位落差、社區與產業的參與、教育行政<br>3. 達成四年指標（2005 年）：師師用電腦，處處能上網、教師融入教學活動時間達20%、教材全面上網、學生具備正確資訊學習態度、建立 20% 種子學校、建構學校無障礙網路學習環境、教育行政資訊化、透明化與自動化 |

資料來源：出自教育部（2001）；教育部（2005）何榮桂（2002）；Pelgrum（2001）；Becker（2000）

　　他山之石，可以攻錯。從上述表一可以得知，資訊科技與教育政策的整合，已蔚為各個國家資訊基礎建設發展的趨勢，且教育已成為這些國家因應資訊時代而整合其中的目標之一。何榮桂（2001）歸納出進步國家資訊教育呈現的發展趨勢，主要呈現幾個大方向：由於資訊科技發展與變化快速，中小學資訊課程常常獨立作業與規劃；大部分教育進步國家已有系統地將資訊課程明確納入課程當中，並且有系統的規劃；為了因應資訊科技發展快速，各國資訊教育規劃大多以三～五年為一週期，少有長程為期的規劃；教師除需具備教學領域之專業知識，並應同時兼具資訊素養，以發揮教學效果；訂定出學生資訊基本能力指標；因應網際網路的普及，資訊設備的放置點由過去的集中式（置於電腦教室），轉為分散到一般教室或特殊用途教室；資訊教育的推展，有電腦單獨設科，或強調融入教學，也有兩者兼具。

　　從個別國家各自的經濟、社會和政治層面來看，國際間之教育相關的資訊基礎建設政策發展，雖然在全球化經濟思維下有著共同的發展趨勢，卻因國家文化、經濟與政治脈絡不同，而呈現出其東方與西方上的差異。以新加坡、南韓、日本等東方國家是透過國家主導之資訊教育基礎建設計畫發展，

並意圖融入更廣域的國家資訊基礎建設之環節；而美國、英國等西方國家的資訊教育基礎建設政策，則呈現較多國家遠端控制下的市場機制所驅動之單獨進行（stand-alone）的方案（王佳煌，2001；蕭速農，2004：87）。為何出現這樣差異？Selwyn 和 Brown (2000: 667) 認為可能有兩種不同的觀點可供解釋：一是這些東方國家以社會取向，而非以零散式來發展國家資訊基礎建設，其目的在於迎頭趕上英美等國經濟體，但這種說法對日本這個經濟強國可能欠缺說服力；另一種說法是基於科技決定論的解釋，以英國為主的西方國家為例，從過去工業化為主的資本主義社會，要轉變到以高科技視野為主的資訊革命，需透過教育以達到提升的目的，並進行國家資訊基礎建設及達成國家的發展。相反地，新加坡等這些國家，直接搭上資訊革命的浪潮，教育變成只是在國家規劃下的資訊基礎建設中的一環，在其中扮演與發揮作用。

由上可知，雖然各個國家有著不同計畫、投資及課程規劃，值得後續深入討論與評析，以作為台灣推動資訊教育時的參考；但不同國家的規劃藍圖，都是希望透過資訊科技來建立資訊學習的工具基礎，以提供未來整體教育發展的理想藍圖；雖然目前網路等新興科技教學不能完全取代現有教學方式，但卻可以成為正式教學體系的補充。尤有甚者，台灣在數位學習國家型整合政策計畫中，包含電子書包實驗計畫，共有十二所學校參與電子書包教學實驗，各校挑選幾個班級參與實驗，一些班級教師表示使用電子書包後學生學習意願明顯提升，學習態度也變得較為積極（王緒溢，2002）。然而，由於並非隨機選取的學校以及班級，加上有示範作用，在比馬龍效應下，並不能代表一般學生，因此很難評估其效用。事實上，不論是採 PDA、連網板（WebPad）、平板電腦（Tablet PC）或筆記型電腦，就現階段而言價格仍是居高不下，政策的擬定與成果及維護等費用問題要如何克服，才是真正的挑戰（翟本瑞，2008）。

雖然上述各先進國家無不戮力於資訊教育的基礎建設，但是在我們的社會當中，科技卻往往被視為是一種獨立超然的物件，它有別於其他物件，有

屬於自己的樣貌與生活方式，它獨立於社會意圖、權力以及特權之外，我們觀察到科技似乎是不斷地在變化，以及不斷改變著學校和日常生活。當然，上述所提之處大部分是事實，也是良善的。然而，隨著著重在改變了什麼以及什麼被改變，我們也許忽略到何種東西被保留並流傳下來，其中重要的是遭受到文化及經濟上不平等，以及宰治與支配這個社會背後的力量，就如同現在我們的社會一般。

就科技的生產脈絡到使用脈絡的分析，它並不會依循預先的設定和既定的軌道運行，即使在學校中的使用亦不例外。科技的使用通常是捲入政治化的安排，和反映著當時社會關係與特定脈絡中的使用，且是設計者未事先設想到的。資訊科技在學校中的使用是社會脈絡化和政治烙印的過程。透過嚴密觀察或者新科技的進步，可以了解到某些關係的確是在變化中，從這個角度思考科技，我們可以開始詢問有關政治發生的相關問題，特別是他們造成了巨大的結果。誰的觀點是進步的？進步是為了什麼？以及最根本的問題是「誰得利了？」，這些問題似乎必須要謹慎考慮，遠超過於目前一直被提議的有關學校、課程以及教學實務上的問題。然而，很多教育機關、政府組織、工商業團體都熱愛使用科技，這些機關被牽引著往科技方向前進，同時將厚重的電腦視為是他們的生產物或貨品。很多國家都承認未來的趨勢就是：坐擁一台具有鍵盤和螢幕的機器（王佳煌，2000；卯靜儒，2002；Apple, 1982, 1988, 1992, 1996)。

大量話題著重於電腦應用在教學，在音樂教育、在科學、在數學，以及在語文上都屢見不鮮；同時對身心方面有障礙者、對於教師檔案紀錄的保留與管理、對於家政與商業方面的教學，對於身體上體能的訓練、對於藝術方面，以及社會領域方面等亦是如此。因此各個機構增加大量的時間和設備在電子產品上，如何讓科技和自動化幫助生產，以及如何讓科技優勢展現出來，是現代社會中最被大眾強調的一環。在這種趨勢底下，與其處理最佳的方法是什麼，倒不如建立社會真正所需要的科技需求，以便與學校有關團體相互

結合。假如我們沒有仔細思考著新科技在班級上恰當的角色，也許在課程與教學時會發生若干問題！持續聚焦於電腦知能的成長，特別是電腦讀寫能力，對於多數文化不力的學生，將導致社會機會不平等狀況的惡化與加劇！

原則上，若著重新科技在社會和學校中所扮演的角色，以及電腦可以做什麼或不可以做什麼的科技價值判斷上，將會模糊整個焦點。事實上，這也是比較不重要的問題。接著取而代之的核心是思想體系及倫理學議題，以及關心學校應該如何提供學生感興趣的議題，有關興趣的議題對於當代學習者而言是非常重要的。故此，學校某部分必須為了達成更進步的階段進行重建與再構念化。

據此，若從資訊教育政策及課程之政治社會面向加以探討，透過批判和解放的知識旨趣為主，所強調的是權力、控制和正義等議題的檢視，及對人主體性及教育的相對自主性的關懷，並掌握教育政策或改革的整體圖像與深層動力。同時試圖揭露教育的國家的權力結構、價值取向和實際運作，釐清教育應該是誰的？誰控制了教育？到底是誰獲益？等基本的議題，並進一步釐清背後的一連串問題、影響和結構變化，將是最基本且重要的（王慧蘭，1999；張佳琳，2002）。

由上所述，在國家資訊基礎建設積極推展之際，資訊教育亦同時配合著九年一貫課程政策改革而轉型發展，並勾勒出國民中小學資訊教育的總藍圖。相關資訊教育政策的改革正處於複雜的政治、經濟與社會環境下所形成的場域，改革的產出是國家、社群、人民互動結果的共識、市場機制反應人力供需的要求，或專家政治下權力競爭的展現。這些問題反映國家資訊基礎建設政策及資訊教育課程改革並非處在一個真空的環境，而是動態角力的過程。要瞭解這樣的運作不應只由結果來看待，其國家角色、全球化經濟變遷、利益、結果、政策，以及擺盪其間的政治權力關係，都應加以檢視與批判。

## (二) 資訊科技與經濟現況的潛在課程

在歷史持續演進的過程中，控制勞工的觀念不斷地產生改變。其中一個例子就是，員工多年來培養的技術被打破、削弱，甚至被重新定義，進而趨向自動化與精簡人力資源，以增加管理部門的獲利程度、效率，以及對員工的掌控。無庸置疑的，在微電子學、基因工程學、與生物科技相關的科學，以及其他高科技領域的快速發展，已在某種程度上影響許多職業，使其節省更多的預算。這樣的影響將為許多行業帶來經濟上的繁榮；然而，相對而言，也導致許多企業因此垮台。更重要的是，最終可能導致許多職業因此而消失。

根據概括的估計，從 1995 年至今，高科技產業所創造出的工作機會，僅佔所有新工作機會的 17％（若用更嚴謹的計算方式，高科技產業所創造的工作機會僅佔 3％ ~8％ ）。此外，這些高科技創造的工作機會落差極大。在這 17％ 的工作當中，從業人員、秘書、組裝員、倉庫僱工等，所佔的比例最高。更重要的是這些人當中，有許多人在未來都將逐漸經歷以機器代替人力（技能退化）的過程。這樣的趨勢將會使所有職業朝向更簡單化、自動化、管理部門與員工分離等觀念邁進。這樣的過程將產生巨大的影響力，不僅會影響其他領域中的藍領、粉領、白領階層員工，影響範圍所及也包括新加入高科技產業之人員，電腦程式製作業就是一個極佳的例證。在套裝軟體與電腦程式語言設計方面的新發展，意味著在現今社會中，有極大部分的程式製作工作，僅僅需要員工具有執行標準程序，以及完成制式化任務的能力，而這些能力並不太需要高深的知識 (Apple, 1998)。

從許多層面來看，這些現象都受到新興科技的工作市場與整體勞動力趨勢的影響。技能水準（水平）或許在一些工作領域中正不斷提升；然而，也許在許多其它的工作領域中卻不斷下降，就好像許多行業本身也會衰退一般。許多證據顯示：都與一般人所確信的想法背道而馳，隨著這些科技產品愈加地精密，擁有更大的記憶容量、更佳的計算能力，和更人性化的功能，就更加不需要使用這些設備的知識。從歷史的觀點看來，「機器代替人力」的趨勢，

對於女性勞動部門而言有著極大的影響；因此，我們將會看到愈來愈多的女性勞工，歷經無產階級與技能退化的過程，在未來裡，這也大大地增加女性勞工的貧窮程度。

Selwyn 和 Brown（2000：672）認為在追求經濟利益思維下，資訊科技政策在教育中所呈現兩種達成經濟發展的現象：一是意圖改變未來工作者的經濟頭腦（mindset）朝向科技化的全球競爭。這實質上是刺激資訊科技工業和科技的研究與發展，營造一種以商業為中心輪軸驅動模式，引進電子化的商業模式到公共和私人環節。其次，投資資訊科技於教育系統是基於學生以後工作之職場能力的提升，及新型態的工作者，以符合資訊科技之知識工作者之創新、批判、彈性、智慧等核心必備技能。上述觀點明顯地影響了我們的教育系統。我們必須很嚴肅地思考著上述觀點，對於學生從學校轉入職場帶來怎樣的衝擊；特別是現今許多學校正在教授的「技能」課程，都不大符合職場上的需求。因此，許多與這些技能相關的行業，皆因受到新興科技發展與管理趨勢的影響而紛紛轉型，甚至逐漸沒落、消失。

以辦公室工作為例，在辦公室中大部分的新科技設備，都不是用來改善從業人員的工作品質（特別是女性從業人員）；反而，這些設備卻造成了相反的結果。這些科技設備並不是為了促進工作的效率和滿意度而存在，而是為了使管理部門的運作更容易、更能降低勞工人數與成本、更可以讓作業系統趨向制式化和自動化，以及更容易達成管理與控制的目的。在辦公室縮圖中所看到的未來社會願景是極度不民主，甚至是不斷趨向威權化。在這樣的願景之下，我們又怎能期望好好地教育學生呢？當然，身為一個教育者，我們的任務既不是要全盤地接受未來的勞動力市場與趨勢，也不是要求我們的學生也要接受這樣的未來情景和狀況！若是這麼做，無非就是允許社會上少部分的權力份子，透過我們運作其價值觀 (Apple, 1988; Castells, 2000)。

正因如此，在學校轉型成為培養新勞動者的「搖籃」之前，我們必須針對未來社會與經濟上的重大問題提出解答。這些新工作將朝向何處前去？會

創造出多少就業機會？創造出的就業機會數量，是否與現今社會所產生的工作職缺一樣多呢（包括在辦公室、工廠、以及在服務性質的零售業、銀行、電信業所產生的工作缺）？這些創造出來的大量工作機會是否是相對低技能、低自主性、以及屈服於根深蒂固的管理哲學之中，以致於他們的想法是極度的制式化呢？

**表二　世界重要國家電腦擁有率與連網率**

| | 調查時間 | 家戶電腦擁有率 (%) | 家戶連網率 (%) |
|---|---|---|---|
| 台灣 | 2005 | 79.5 | 70.6 |
| 美國 | 2003 | 61.8 | 54.6 |
| 韓國 | 2004 | 77.8 | 66.9 |
| 新加坡 | 2004 | 74.0 | 65.0 |
| 芬蘭 | 2004 | 68.0 | 56.0 |
| 歐盟國家平均 | 2004 | 66.0 | 47.0 |

資料來源：出自教育部網站（http://e-divide.nctu.edu.tw/）

　　以目前來說，世界各國在電腦擁有率、網路設備擁有率，以及寬頻使用率皆與日俱增，其數項重要數據如上表二及下表三。而國內在教育資訊基礎建設之下、擴大內需方案，以及地方政府經費挹注下，資訊科技硬體設備在各教育階段已有相當程度的具體成效。但擁有這些資訊科技設備或環境並不代表教師就能使用於教學之中，這其中還涉及資源的分配、效益性與技術上支援等問題。相關資訊基礎建設與班群教室中，資訊相關設備都展現高規格的標準。不僅達到電腦教室一人一機、校校連上網路、班班有電腦、無限校園網路之建置，此外每班教室都裝設數位電視、電視電腦轉接器，以及班群共用視訊等設備，但問題真的只有挹注經費或設備問題這麼簡單嗎？

表三 世界重要國家個人上網率

| | 調查時間 | 調查對象 | 個人上網率 (%) |
|---|---|---|---|
| 台灣 | 2005 | 12 歲以上 | 62.7 |
| 美國 | 2003 | 12 歲以上 | 75.9 |
| 日本 | 2003 | 13 歲以上 | 60.6 |
| 韓國 | 2004 | 6 歲以上 | 70.2 |
| 新加坡 | 2004 | 15 歲以上 | 57.0 |
| 歐盟國家平均 | 2004 | 16 歲以上 | 47.0 |

資料來源：出自教育部網站（http://e-divide.nctu.edu.tw/）

就資訊科技與經濟生產而言，資訊應用於資本主義生產，直接、間接造成失業、技能退化等問題；資訊科技固然擴大了生產，但也擴大了資本主義生產過程中的監控功能，同時也造成男女在工作就業上的不平等。這些問題並非只是無病呻吟，在我們將學校推向新科技與企業浪潮中之前，我們必須確定這是否可讓大眾皆獲益，而非只施惠給那些擁有經濟與文化權勢的人。這樣的決策必須持續不斷經歷自由的討論，而不是僅根據學校目前所面臨的經濟與政治壓力而草率決定。

## （三）資訊科技與社會課題的潛在課程

我們從上述隱約可以看見，新科技在教育方面可能產生的負面結果，包括教師面臨技能的退化、掌控力減低的情況，以及因預算、文憑、電腦數量與價位不平等所造成的後果。然而，技能退化過程中，所產生的爭議絕不僅止於教師本身，還包含了學生在接受教育之後，會思考著教育體制、未來在社會中的角色，以及社會中科技的地位。當然，新科技對當代文化所造成的衝擊，及其後續效應的景緻，並非是純然的美好的樣貌。為了符合這些狀況，不少研究紛紛從熱衷積極的態度，轉趨悲觀的思維，有時落入絕對思維，

或認為那些我們用來理解網路互動之衝擊理論化架構，其實都是不太恰當的 (Slevin, 2000)。

電腦在目前教育情境之下，所包含的思考方式主要以技術層面為主。當電腦愈多地帶領教室朝著這個目標邁進時，也就愈多地使得技術性的邏輯概念取代了在政治與道德上的批判理解能力。當教學愈多地強調技術面的教導，也就減少了在事物本質上的探討；電腦又再一次地使「如何達到」取代了「為何要達到」，只不過這次的改變是針對學生的程度而言，這樣的情形就如同 Apple(1988) 所謂學生的「社會素養」。即使電腦在所有課程領域，以及對所有的學生是有意義或合乎情理的，但課程中所存在的政治與道德上的批判問題仍亟需處理。因此，我們必須確保學校無論何時引進電腦新科技，學生都要十分了解發生在他們週遭的一些電腦如何影響社會的爭議，甚至區分社會態度、外在環境、教育、權力之間的關連，以及如何進行理解、分析或批判。

不幸的是，實情並不像我們的預期一般。許多教師在說明、處理電腦如何影響社會以及道德層面的爭議時，總是偏重某一部分的爭議而處理得不盡理想。教師幾乎不會提到社會上的失業問題，或是許多人已喪失了工作權力的現況，同時也總是忽略了電腦已經使許多人的生計受到嚴峻的考驗，包括許多已遭解雇的汽車工人、零件組裝人員或是從業人員。道德上的困境還包括我們該著重「效率」還是員工的工作品質，我們該選擇獲利或是一些人的工作機會，這些都是潛在的問題 (Bourdieu, 1992; Brynon, 1992)。

我們該如何平衡這種狀況呢？應該將課程圍繞著與「社會素養」相關的問題來編寫。例如：電腦可運用在哪些地方？電腦可以用來做些什麼？為了能使用電腦，學生必須知道什麼？電腦能提高生活品質嗎？能提高誰的生活品質呢？它對生活有害嗎？對誰的生活有害處呢？誰該決定使用電腦的時機與地點呢？到底要維護網路上私人訊息的權益還是要將訊息公開？到底那一個是虛的，那一個是實的社會？語言限制問題（軟硬體、網路大多還是以英文或地區性語言為主）？到底誰來管理和維持網上的秩序？要怎麼樣維持？

更重要的是，應該對大學中愈來愈強調資訊教育的教育學程，和國內許多極度想要跟上「電腦革命」趨勢的工作坊提出類似的問題。若不事先對於這些課程提出質疑，教師和學生將會愈來愈難客觀地思考電腦科技所能應用的層面，以及在日常生活中應該擺置的位置。除非教師和學生能夠挺身而出，誠實地面對和批判這些複雜的道德和社會問題，否則這樣的權力就會落入那些握有科技使用權力人的手中，我們不能讓這樣的事情發生。

## (四) 資訊科技與學校教育的潛在課程

一旦我們進入校園，一連串有關「學校教育讓誰獲利」的問題便浮上心頭。在現今如此強調電腦的校園之中，我們真的需要捫心自問，這樣過分強調會對老師與學生造成什麼樣的影響呢？這樣的問題並不是針對某一位特定的老師或學生而言 (Apple, 1988)。顯而易見地，有些教師會發現他們的工作，因為新科技的加入而變得更加多采多姿，而學生也不例外，有些學生在電腦方面的潛在天賦因此被發掘出來，這都要拜以電腦為導向的教室所賜。所以，我們所要詢問的問題是，這樣的情況分別會對教學情境、教師、學生帶來什麼樣不同的影響？

Olson, James 和 Lang(1999) 認為電腦等科技大規模且快速的引進學校，進駐教室，破壞既有教師與學生的關係，以及改變教師為主的教學信念與實作，甚至扭轉根深蒂固的專業技能與存續的價值規範，這對教師而言，是相當大的衝擊。新的觀念推展可能會威脅深植教師的技能與存續規範間的平衡，並同時威脅到教師既有的自我價值信念。教育改革通常是為了增進教育的品質並提供更多轉變的空間與機會，但對教師而言，往往是威脅到既存的價值規範與實務運作，且帶來危機感。懼怕與焦慮往往代表教師面對創新變革與科技使用所顯現的心境。

當教學環境（教室）漸漸著重在電腦的使用之後，所產生的重大影響之一就是老師權力的縮小與技能退化的產生。在老師繁忙的工作負荷之餘（包括計畫、教學、參與研討會議、文書工作與審核學校開支等），想當然地大

部分的老師只能接受極少部分的電腦訓練（包括一些有關電腦的社會影響力以及簡單的程式訓練……等等），特別對國小教師而言，這種情形更加明顯，因為他們必須包辦非常多學科領域的教學活動。因此，許多教師需倚賴廠商所提供的教學材料與現有的軟體，而這些軟體通常都是採購教材時，許多不同的廠商所提供的，它們是十分紊亂且無系統的；同時，書商為了推銷教科書，極力為學校和教師服務，除贈送教具外，還為學校編寫課程計畫，使「學校本位課程」淪為「書商本位課程」，提供教師補充教材或測驗卷，這些不乏是電腦軟體與網路教材，造成了教師「去技能化」（歐用生，2006：15）。

另一個問題是有關時間的壟斷，特別在性別議題上。一方面因為要成為一位「電腦專家」，需要花費非常多的時間，另一方面也因為「男性主導」的觀念，仍深植在大部分的家庭中。因此，男性教師常常能夠以「電腦能力」做為讓其事業更上一層樓的方式，然而女性教師卻依究在電腦課程上，使用廠商所提供的教學材料，而這些教材都是現成的，並非女性教師所自行設計。從正向的思維來看，電腦的使用可能可以根本上地改變當前的教育實作；但就實際教育現場分析，未適切考慮到實際使用與學校的文化與既存實作，迅速將電腦引入學校甚至教室之中，極可能是加劇長久以來學校教育中既存的性別、種族與階級等問題，更加無法展現電腦科技轉型教育的潛能 (Schofield, 1995)。

同時許多階級、種族和性別的問題也陸續產生，這些都是因為過去學校所施行的政策所致，例如成績分班或能力分組。因此，那些著重於職前文書處理能力訓練的班級中，總是以年輕女性為大多數（勞工階級）；那些著重於電腦程式能力與培養使用技巧的班級，則是以男生為主體。在大部分學校裡，電腦程式總是與數學和科學脫不了關係，因此也就加深了性別之間的差異性，特別是女生在電腦班會受到不同的待遇，數學和科學課程的教學方式常要符合學校選擇的功能，也就造成了性別差異的再製。

我們不該對這樣的狀況感到驚訝，也不該覺得家長（特別是中產階級的

家長)努力追求電腦前途是件奇怪的事。畢竟,就某種程度上而言,電腦能力是鞏固中產階級社會地位以及促進社會流動的策略。在財政和經濟上都處於危機的非常時期之下,擁有這樣的專業能力彷彿就是握有一張保險證書;這樣的能力似乎也確保在這快速變遷的勞動市場中,仍有一些機會為你而開。在這文憑至上的時代中,擁有愈多的文憑或證書就意味著擁有愈多的「希望之門」(Apple, 1988)。

目前台灣九年一貫課程與中小學資訊總藍圖相繼公佈實行已一段時日,學校資訊課程面臨的問題陸續浮現,何榮桂(2001)便認為九年一貫資訊教育課程的實施,必然會產生以下衍生性的問題:(一)教室生態的改變:資訊科技介入教學活動之後,師生的互動不僅成為雙向也可成為網狀互動,教師應儘速調整角色,以適應資訊化的教學環境;(二)跳脫傳統教科書束縛:未來必定輔以資訊科技產品或網路資源配合教學活動,教師應調整傳統依賴教科書的習慣,善用資訊科技;(三)調整資訊設備的分配:未來資訊設備的分配應以分散式取代傳統集中式,亦即以教室電腦方式才能適應資訊融入教學的活動;(四)利用資訊科技輔助教學評量:在強調多元評量下,善用資訊科技輔助教學評量,可以減輕教師負擔,即讓評量更精準,更有效率。並將教學與評量結合,提升教學成效;(五)隨時進修保持足夠的資訊素養:教師應時時進修,隨時檢視自己的專業與資訊素養,才能勝任當一位好教師。

九年一貫課程中資訊教育從過去的資訊科技的基本認知、套裝軟體使用,轉變到資訊的溝通、擷取、統整、應用與分析的能力。面臨教育環境從過去教師和教科書為中心的教學環境,逐漸轉化為以學生和資源為主的學習環境,資訊課程結構從選修式的半正式課程,轉變成融入各領域教學的潛在課程或甚至是空白課程。但這種轉變所代表的是教育品質的提昇、視野的開闊、觀念的超越、價值的澄清,或是造成電腦基本素養的低落與教學實施的困難?從課程的設計與落實角度分析,資訊教育必須是從有名有實、百花齊放的正式課程培養,然後再邁向無名有實、清明沉澱般潛在課程落實與空白課程的

彈性。但在學生基本電腦素養都未確實、紮實的獲得，甚至教師未具備充分的資訊素養，都未百花齊放式獲得所需的知識、技能與態度，就直接轉化成清明沉澱式的融入各領域教學，這對教師與學生而言，都是一項嚴厲的挑戰（邱瓊慧，2002；蕭速農，2004）。

因此，當我們未深切理解資訊科技在學校教育的批判性意涵，就率性地將資訊科技全盤移入教室，如此可能造成資訊科技在學校教育中的使用受到限制，造成教育、經濟、社會，以及文化的糾葛，並再製教師的依附情形。其實網路空間是漫無邊界的，是超越時空界線的。是虛擬的，由節點、鏈結、路徑與網系建立彼此之間相互交錯的關係。「何種知識最有價值？」一直是課程社會學關注的焦點，藉此衍生的問題包括：學校是否成為外在權力的載體？是否成了合法化某種知識和課程利益的形式？知識的選擇、排除與分配是否直接連結於控制和支配的問題（歐用生，2000）？

尤其是現今的資訊教育課程，透過某種選擇或某種群體認定合法性知識成為官方知識，這時文本中的知識並非完全就是代表統治階級的知識，因為這是必須由統治階級與其他權力磋商的結果，在吸納彼此利益下進行合作，形成一股新的文化霸權。就學習領域與融入議題課程之間的權力運作分析，資訊教育等重大議題雖然進入九年一貫課程場域中，成為學校中的課程知識，但它始終是融入議題的位階，一種處於被融入的位置。雖有轉化課程的企求，但還是可能淪為泡沫式的融入或附加式、補充的課程知識架構位階（周淑卿，2002；莊明貞，2001）。

總括來說，若不仔細思考上述這些問題，現在學校對於電腦設備(軟硬體)的大量引進，將會使勞動市場轉變，並潛藏了一些事實與問題，也將會使得那些電腦能力較強的孩子持續保有優勢。因此，現在我們必得開始思考著這些潛在的要素，並設法解決衍生出來的問題。

## 三、結語

批判理論化的過程，即質疑制度化學習中教育論述裡之「理所當然」，常常被視為一種「潛在課程」的揭露 (Bowers & Ginitis, 1976; Freire, 1970; Giroux, 1981; Weiler, 1988)。其中，潛在課程包括學校教育中廣泛的意識型態和被忽略的範圍，他們很少在國家認同的教育論述中獲得認可或討論。

在整個資訊科技的不平等使用，除了反映出原先社會不平等的架構外，更因其本身的工具理性之宰制以及工具性價值之市場化，而獲得強化的動力。資訊富者在此基礎上進行資本累積以無限延展其社會霸權，而資訊貧者只能順從於資訊富者的剝削及宰制。由於數位內容以資本主義的利益邏輯為主，資訊富者或資訊中心國家的社會環境成為人類的理想境界，使得資訊貧者只能被動接受狀似豐富的數位內容，並在其霸權式的多元化連結下來進行社會行動，而無法開展出弱勢族群的主體性與社會性實踐。此外，資訊科技標榜的數位機會，不但其無法提升公平參與，更無法以正面實踐力量來提升我們的社會選擇能力與責任感。

當然，弱勢族群（涵蓋種族、階級、性別、新住民、身心障礙、經濟文化不力等）在面對硬體設備之匱乏與不知如何使用等問題時，在接受或學習資訊化知識時往往會有阻力產生，使其不得不接受主流群體的優勢文化認同及價值之宰制。他們無法透過多元化的資訊空間，來與其他身處相同命運的種族、族群，以及性別從事集體性的社會行動。只能迷失在巨量而多樣的數位化資訊中，絲毫不知其身分認同早已受到資訊科技與市場邏輯之宰制，成為文化帝國主義下的主流文化附庸。弱勢族群在學校教育中的表現，並未因為資訊科技的融入而獲得改善，反而因其先天資本化程度不足以及後天社會不利條件，使其在學習動機與成效上大打折扣。

在網際網路快速的竄起與全球資訊網的蓬勃發展之際，為多元化的教學開創嶄新的環境。網際網路不受時間、空間限制的因素，提供學習者各種不同的溝通方式與多媒體、超文本的內容型態特性，讓師生跨越封閉的教室與

校園、增加人與人之間的互動、以多樣的觀點進行討論、存取或檢索豐富的資訊等，電腦與網際網路逐漸地衝擊教育現場的教與學、教材、情境脈絡、甚至組織結構與文化層面的轉變。回歸到資訊科技應用於教學的目的為何？最根本的還是要每位學生獲致有效、最佳的學習。如果為資訊而資訊、或為融入而融入，硬將資訊科技套進教學活動之中，反而影響教學的進程，不能對學生學習有所提昇。

當樂觀地宣稱透過電腦等新科技的採用，可以重新定義學習意義，可以呈現更好的教學方式之同時，通常忽略了教師在教學歷程的角色並過分簡化學校中的複雜性，特別是發生於實際教室情境中的教與學。惟有從根本上的思維與論述，例如可以採取下列方針：（一）善用資訊科技的益處，設法解決或減少其缺失；（二）保有批判反省的態度，正視資訊科技衍生的問題（種族、階級、性別、新住民、身心障礙、經濟文化不力等）；（三）由「電腦教室」轉變為「教室電腦」，落實資訊於班級教學；（四）教師不斷專業成長與進修，提升資訊素養與專業知能；（五）教育主管機關應減緩數位落差，建立永續資訊教育發展理念等，方能讓資訊科技在最適當的地方、最適宜的時機，以及有效的融入，以達成最佳的成效。如何透過學生的參與、互助合作、引發興趣、重視自主中，結合電腦科技的運用，培養出民主的學校文化，將是我們未來仍須持續努力的目標。

【本文取自王全興、蔡清田（2009）。從批判教育學觀點論資訊教育的潛在課程。教育資料與研究雙月刊，89，23-48。】

參考文獻：

王佳煌（2000）。**資訊社會學**。台北市：學富文化。

王佳煌（2001）。資本主義國家與國家資訊基礎建設 -- 政治經濟的比較分析。**思與言**，**39**(1)，89-143。

王緒溢（2002）。當電子書包進入教室：高互動學習環境之系統建置與應用模式。**教育研究月刊**，**99**，78-91。

王慧蘭（1999）。教育政策社會學初探。**教育研究資訊**，**7**(3)，87-108。

卯靜儒（2002）。個人的 / 政治的：艾波的權力、知識與教育。載於蘇峰山（主編）：**意識、權力與教育 -- 教育社會學理論導讀**（頁 77-116）。嘉義：南華大學教社所。

何榮桂（2001）。他山之石可以攻錯 -- 亞太地區資訊教育的發展與前瞻。**資訊與教育**，**81**，1-6。

何榮桂（2002）。台灣資訊教育的現況與發展—兼論資訊科技融入教學。**資訊與教育**，**87**，22-48。

邱瓊慧（2002）。中小學資訊科技融入教學之實踐。**資訊與教育**，**88**，3-9。

吳清山、林天祐（2005）。**教育新辭書**。台北市：高等教育。

周淑卿（2002）。**課程政策與教育革新**。台北市：師大書苑。

張佳琳（2002）。**課程改革：政治社會取向**。台北市：師大書苑。

莊明貞（2001）。當前台灣課程重建的可能性：一個批判教育學的觀點。**國立台北師範學院學報**，**14**，141-162。

教育部（2001）。**國民中小學資訊教育總藍圖**。2007 年 1 月 10 日，取自 http://masterplan.educities.edu.tw/conference/index1.shtml

教育部（2005）。**中小學城鄉數位落差之學習指標修訂、調查與形成因素分析**。2007 年 1 月 10 日，取自 http://e-divide.nctu.edu.tw/

陳伯璋（1985）。**潛在課程之研究**。台北市：五南。

陳伯璋、張盈堃（2006，4 月）。解放的場所與實踐：批判教育學的關懷。載

於南華大學舉辦之第五屆「意識、權力與教育－批判教育學理論與台灣教育」研討會論文集（頁6-23），嘉義縣。

瞿本瑞（2008）。網路社會教育發展與資訊教育機會政策規劃。台北市：行政院研考會。

蕭速農（2004）。科技／權力／教育—資訊科技對國小教學意涵與潛藏影響之研究。國立台南師範學院國民教育研究所博士論文，未出版。

歐用生（2000）。課程改革。台北市：師大書苑。

歐用生（2006）。台灣教科書政策的批判論述分析。當代教育研究，14（2），1-26。

Apple, M.W. (1982). *Ideology and Curriculum*. New York: Routledge.

Apple, M. W. (1988). Teaching and technology: The hidden effects of computers on teachers and students. In Beyer, L. E., & Apple, M. W. (Eds.). (1988). *The curri- culum: Problems, politics, and possibilities* (pp. 289-307). Albany: Sunny.

Apple, M. W. (1992). Computers in school: Salvation or social disaster? *Educational Digest,* 57(2), 47-51.

Apple, M. W. (1996). *Cultural Politics and Education.* New York: Teachers College,Columbia University.

Apple, M. W. (2004). The hidden curriculum and the nature of conflict. In Apple, M. *Ideology and Curriculum* (3rd.). London: Routledge.

Becker, H. J. (2000). Findings from the teaching, learning, and computing survey: Is Larry Cuban right? *Education Policy Analysis Archives, 8*(51), 1-31.

Bourdieu, P.(1992). *Reproduction in education, society and culture*. London: Sage.

Bowers, S., & Gintis, H. (1976). *Schooling in capitalist America*. New York: Basic Books, Inc.

Brynon, J.(1992). Learning to read technology. In J. Beynon & H. Mackay

(Eds.),*Technological Literacy and the Curriculum* (pp. 1-37).London: The Falmer Press.

Castells, M. (2000).*The information age: Economy, society and culture, volume I*：*The rise of the network society*. Massachusetts: Blackwell.

Cornbleth, C. (1990). Beyond hidden curriculum? In Cornbleth, C. *Curriculum in Context*. NY: Falmer.

Freire, P.(1970). *Pedagogy of the oppressed*. London:Penguin.

Giroux, H. A.(1981). Hegemony, resistance and the paradox of educational reform. In H. Giroux, A. N. Penna, & W. F. Pinar,(eds.), *Curriculum & Instruction* (pp. 400-430). California: McCutchan.

Jackson, P. W. (1968). *Life in classroom.* NY: Holt, Rinehart and Winston.

Kanpol, B. (1999). *Critical pedagogy: An introduction.* Westport, CT: Bergin & Garvey.

Lynch, K. (1989). The Hidden Curriculum: A Reappraisal of Reproduction Theories. In The *Hidden Curriculum: Reproduction in Education, A Reappraisal* (pp.1-35). NY: Falmer Press.

Margolis, E. (2001). *The hidden curriculum in higher education*. London: Routledge.

Nichols, R. G. & Allen-Brown, V. (1996). Critical theory and educational technology. In D. H. Jonassen (Eds.), *Handbook of research for educational communications and technology* (pp.226-251). New York : Macmillan LIBRARY Reference.

Olson, J., James, E. & Lang, M. (1999). Changing the subject: the challenge of innovation to teacher professionalism in OECD countries. *Curriculum Studies, 31*(1), 69-82.

Pelgrum, W. J. (2001). Obstacles to the integration of ICT in education: results from aworldwide educational assessment. *Computer & Education, 37*,153-178.

Schofield, J.(1995). *Computers and Classroom Culture*. New York: Cambridge.

Selwyn, N.(1999). Differences in educational computer use: the influence of subject cultures. *The Curriculum Journal, 1*(1), 29-48.

Selwyn, N.(2000). The national Grid for learning: panacea or panopticon? *British Journal of Society of Education, 21*(2), 1-12.

Selwyn, N. & Brown, P.(2000). Education, nation states and the globalization of information networks. *Education Policy, 15*(6), 661-682.

Slevin, J.(2000).*The Internet and Society.* Cambridge: Polity.

Vallance, E. (1991). Hidden Curriculum. In Lewy, A. *The International encyclopedia of curriculum.* Oxford: Pergamon.

Weiler, K. (1988). *Women teaching for change.* New York: Garvey Publishers.

# 5 實驗教育三法通過後之契機再臨

## 一、前言

　　為鼓勵教育創新與實驗，保障學生學習權及家長教育選擇權，教育部制定「高級中等以下教育階段非學校型態實驗教育實施條例」、「學校型態實驗教育實施條例」，以及「公立國民小學及國民中學委託私人辦理條例」，當實驗教育三法通過後，各界對「未來的教育」充滿期待，但也充滿著想像和疑問。

## 二、契機再臨

### （一）弔詭現象？實驗 VS 體制

　　有一個故事：「一個人曾將一棵無花果樹，栽在自己的葡萄園內。他來到樹上找果子，但沒有找到，便對園丁說：『你看，我三年來在這棵無花果樹上找果子，但沒有找到，你砍掉它吧，為甚麼要讓它荒廢土地？』園丁回答說：『主人，再容它這一年吧！待我在它周圍掘土，加上肥料；將來若結果子便算了；不然的話，你就把它砍了。』」其邏輯思維是：無花果當然無花，但不可以無果。換言之，無花果樹的存在就是為了結果子。平情而論，要無花果樹結果子，一定先給足夠的時間。但是，三年都沒有結出果子，本應砍掉。幸好，善良的園丁得到慈悲的主人首肯，給予機會，且在過程中倍加努力翻土加肥料，期待結出美好豐碩的果子。

　　孟子曰：「魚，我所欲也，熊掌亦我所欲也；二者不可得兼，舍魚而取熊掌者也。」由上可知，不論實驗學校或原本體制內學校，都是由辦學與經

營者經由個人或其團隊個體主觀建構而成，我們無法窺見其中哲學、教育學、倫理學、社會學全貌，實驗學校或原本體制內學校孰優孰劣並非外在者或旁觀者可以論斷，而是由各該團體內成員可以評斷！我們僅能站在旁處，靜靜聆聽其各身優美之處，想像未來的教育要為全校親師生架築何種類型校園。教育的意義與價值當然是過程中一點一滴的累進而成，光講過程，很可能掏空了教育本質意義；光講結果，容易陷於不擇手段的淵藪裡。

## （二）鴻溝界線？公平 VS 正義

公平常常涉及人與人之間的關係。日常生活中，有人對某事是否公平質疑時，經常會聽到這樣的回答："如果你處在他的地位上，你會怎麼想？" "如果你是他，你覺得公平嗎？"這就是說，常識中的公平，至少要求你站在對方的立場上去設想，己所不欲，勿施於人。更進一步，當你在辯論一項政府政策是否公平，或一個司法程式是否公正時，人們會要求你不得以你個人的利害關係為判斷根據。你必須設身處地，替受影響各方著想，對有關利害關係作通盤考量，方能顯示你不偏不倚的立場。自然，作為普通人，我們不可能完全拋開自身利害偏見。但是，我們卻希望自己和別人，在思考和爭辯公平問題時，必須不帶偏見，否則便無公平可言。這，或許就是實驗學校或原本體制內學校的公平、正義。

我們都常常喜歡為別人畫下界限、畫下鴻溝。每個人在出生的時候，就存在有不可抹滅的差異：有些人出生在有錢的家庭，接受良好的教育；有些人出生在貧窮的家庭，每天都要擔心三餐的溫飽。更遑論教育過程涉及個人的成長與社會化過程中，充斥著不同的機緣，與其相對應的結果。社會期望是建構在多數人的社會條件以及因應此條件而產生的齊頭式公平正義（對多數人來說齊頭，但基本上無法套用在社會上的少數）。換言之，當我們將社會多數人的社會期望投射在實驗學校或原本體制內學校身上之時，是不是把我們認知的公平正義，強加在加害人身上，並要求他們付出同等價值的賠償呢？

## （三）君子務本，本立而道生

一直以來，教育專家學者對於教育提出很多構想與建議，孩子的未來很重要。為了怕孩子輸在起跑點上，我們需要孩子學習很多的能力，但在這麼多需要學習的能力中，輕重緩急如何界定？又該如何執行？這是個嚴肅課題。我們大人常以為可以解決任何問題，我們以為意志力可以消弭疲憊，我們以為人定勝天，但那都只是一時的假象。直到有一天，我們發現事情並不如想像，我們白忙了一場，我們累了、輸了。換言之，當前教育與課程需要的是重新框架和務本，我們安排太多課程，塞滿了成人對孩子期望的種種教材，恨鐵不成鋼，彷如處處精華，學生沒學到為之可惜！所以優雅身影和留白不是放空，而是讓學生和老師有時間去思考、去消化、去沉澱，教育本質不就是讓學生和老師快樂且有效能的學習嗎？我們宜仔細的深思，別讓枝節的討論迷失了本質，「君子務本，本立而道生」。

教育是有些基本的使命，教育的本質應該是：素養(competence)學習以擴展視野；知能強化以協助我們達成人生的夢想與人生的成功。教育本質對當前實在是非常重要，臺灣教育現場現有許多討論，充滿非常多的鄉愿作法，成為社會創新進步的最大阻礙，教育的本質應是回到學生，成就每位孩子。

## （四）花開，蝴蝶自來

花若盛開，蝴蝶自來；人若精彩，天自安排！我們生命中的一切所願，其實不應該用「追求」，而應該用「吸引」。曾經，有一個人為了得到美麗的蝴蝶，便買來一雙跑鞋、一只網子，穿上運動服，追逐奔跑了很久，終於在氣喘吁吁、滿頭大汗中抓到幾隻。可是蝴蝶在網子裡恐懼掙扎，絲毫沒有美麗可言。一有機會，蝴蝶就會飛走。這就叫「追求」。另一個人也很喜歡蝴蝶，他買來幾盆鮮花放在窗台，然後靜靜地坐在沙發上品味香茗，望著蝴蝶翩翩而來，心情猶如吸蜜的蝴蝶。這就叫「吸引」。「追求」是從自我的角度考慮，忽視了事物內在的微妙規律，所以常常事與願違。「吸引」則是從完善自我、奉獻自我出發，順應了天理，投其所好，因而皆大歡喜。學校

應努力完善自己，創造自然的吸引力吧。

教育改革是一個顛簸崎嶇的過程，處處充滿陷阱。改革方案進入現場以後，和既存的學校規律、儀式等交互作用，可能產生表面的改革，隱含的社會規則和假定絲毫沒有改變，最後是維持現狀，甚至使舊的方案得以借屍還魂，依然故我，因此不可不慎。例如：我們常常看到不少學校實施統整課程，老師們的努力雖值得肯定，但大部份的實例都顯現了不少的缺點。如：學科領域的界限十分明顯，缺少超越學科的統整設計；幾乎都採取主題統整的模式，較乏其他模式；主題都偏重時令、鄉土，缺少社會、人文的議題；教師唱獨角戲，缺少師生的合作；統整課程獨立進行，缺少相對的配套措施；只重視教材的拼湊，缺少人的統整；偏重知識統整，缺少社會統整等等。更何況統整課程有其知識論、人性論、課程觀和教學觀的假定，如果不仔細端詳，只在教材上拼拼湊湊，則統整課程將流於形式，而喪失其生命力。因此教育改革不可忽略結構的、政治的、歷史的限制，教育改革如果只偏重「如何」使教學更有效果、有效率回應性的機制和程序，如何使目的和目標正確，將忽略學生的真正需求。

## 三、結語

當學校、社區、世界透過實體與虛擬網絡的聯結，經營一個具有趣味、再創造、展演、體驗互動、酷玩的遊戲精神，營造一種歡愉的氛圍，全新的感官體驗時，讓學習者能夠放鬆地、盡情地、無懼地、有創意地玩，營造融合新舊、東西文化、不同年齡與族群等多元文化元素之物理環境，以及遊戲自由感之心理環境，以啟發學生的探索興味與創意，讓學校成為師生勇於孵夢的基地，提供學習者創意展演的舞台，這種夢想的田地，不論是實驗學校或原本體制內學校皆可為學生提供良好的養分，進而帶來有效能的學習。

【本文取自王全興（2016/06）。實驗教育三法通過後之契機再臨。台灣教育雙月刊，699，，46-47。】

# 6 從豪小子效應省思台灣的教育體制

## 一、前言

近年來美國職業籃球（NBA）球場上出現了一顆閃亮新星－林書豪，他帶領原本戰績落後的紐約尼克隊連續取得七場對戰勝利，其中更有好幾場是在終場結束前的逆轉勝，林書豪神乎奇技、優異傑出的表現，繼女子高爾夫球后曾雅妮之後，被喻為新一代的華人之光。果不其然，不僅是全世界的華人覺得與有榮焉，連美國民眾包括總統歐巴馬在內也為林書豪全方位的頂尖球技風靡，美國球迷還為他造了很多新字，例如：「Linsanity」、「Lincredible」（中文譯：林來瘋）。然而現今倍受尊崇的背後，這條發光發熱的成名之路，林書豪卻是走得十分辛苦而且充滿挫折，他曾經在選秀會上被所有的 NBA 球隊拒絕簽約，爾後勇士隊提供他合約卻也只能苦坐板凳沒有上場的機會，最後難逃被釋出的命運。看到自己的夢想破滅，林書豪當時心痛到什麼都不想做，每晚以淚洗面。

一般人遇到這樣的挫折可能早已經放棄或是從此灰心喪志，但是林書豪依靠父母親的全力支持和對上帝的堅定信仰走出人生的低潮，更加用心鍛鍊自己的球技，終於紐約尼克隊給予他機會，藉此從谷底翻轉在世人眼前展現他一連串令人跌破眼鏡的 NBA 驚奇之旅。豪小子的表現著實不簡單，其父母親教育孩子的正確觀念和方法更是造就林書豪日後成功成名的主要原因，從中或許可以提供一些啟示供台灣的父母親和學校教育做為參考。

## 二、五育健全發展

中國人的傳統俗諺:「萬般皆下品,唯有讀書高。」,台灣的父母親也不例外,大多數的父母努力工作賺錢只為了培育孩子朝向智育的課業發展,希望藉由讀書考試的過程將來拿到高學歷文憑,之後能夠進到好公司坐擁高薪。因此家長的教育價值觀也連帶影響學校教育無不以智育作為優先的考量條件,孩子的課業成績最重要,其餘的像是德育、體育、群育、美育都不重要也不重視,假若孩子不會讀書才會考慮送去學體育、音樂或美術,也因此造成一般人認為學體育的孩子都是頭腦簡單、四肢發達的錯誤觀念。

然而林書豪的父母親不一樣,他們認為小孩子除了讀書之外,強健的體魄與健全的品格和良好的人際交往也很重要。因此他們鼓勵孩子多運動打籃球,但是也規定在練習籃球之前要先把學校老師指定的功課做完做好。林書豪的母親吳信信對此表示:「只要林書豪把書念好,愛怎麼打籃球就怎麼打,但是如果他成績退步,打球的時間就要縮短,他為了打籃球,很快就把功課做完,事實上,打籃球幫助他成績進步。」,由此可知培養孩子喜歡運動打球的好處很多。除了幫助成績進步之外,一方面可以鍛鍊良好健康的體適能,另一方面又可以訓練他們從小就習慣與其他同儕進行團隊合作,對於孩子未來的人際交往更有正向的助益。

## 三、豪小子教我們的品格教育

除此之外,林書豪的父母親更注重豪小子的品格教育,他們重視孩子投入專注的過程勝過最後的結果,全程參與孩子的成長過程,與他們一同成長,並從旁引導孩子學習正確的人生態度和價值觀。也因此養成他不會為了輸贏的壓力患得患失,而能以更謙遜感恩的態度享受打籃球的樂趣,將自己的天賦才能充分發揮出來。

林書豪在美國 NBA 職籃歷經千辛萬苦的過程,終究得以發光發熱,豪小

子的人生奮鬥故事啟發我們必須教導孩子認識並養成十項良好的品格教育，茲如下述：一、就算沒人相信，你仍然要相信自己；二、當機會來臨時，好好把握它；三、家人是你永遠的支柱，你也要成為他們的支柱；四、找到一個能讓你發揮的體系或團隊；五、別忽視現在可能就在你隊上的好手；六、人們愛的是你的本質，別嘗試成為某人；七、保持謙虛的態度；八、試著讓你身邊的人看起來也很棒，他們會永遠感謝你；九、別忘了幸運和命運在你生命中的重要性；十、全力以赴。

　　林書豪教導我們的第七項品格，他在受訪時總是保持謙虛的態度，從不誇大自己的成功，並且由衷感謝隊友們能與他並肩努力，發揮團隊合作才能讓尼克隊打出七連勝的佳績。至於第五項品格，由於豪小子在勇士隊和火箭隊都未獲得重用，最後還成為球團考量清出薪資簽自由球員時放棄的選擇，現在他打出令人驚異的好成績，火箭隊總經理莫里還在網站上公開認錯，表示當初他應該極力留住林書豪，現在也只能接受看走眼的錯誤。

　　除此之外，林書豪能在紐約尼克隊如此成功，也在於他能運用第四項品格，找到一個能讓自己發揮的體系或團隊，並且融入總教練安東尼的進攻體系，他不像籃球之神喬丹或是小飛俠布萊恩喜歡擁有獨自進攻權，而能以傳球助攻、主導攻勢為主，勇士隊和火箭隊的體系都不適合他，只有紐約尼克隊能夠提供適合林書豪展現能力的舞台。

## 四、鼓勵孩子朝向自己的興趣發展

　　台灣的父母親從子女幼小時就習慣幫忙他們做好生涯發展規劃，很少會去了解或是詢問孩子自己的興趣和意願，口口聲聲說是為了子女好，為了他們將來的發展著想，但平心而論父母親這樣的做法真的是為子女好嗎？還是只是自己對於未來不確定所產生的恐慌和強迫性焦慮？台灣的父母親和學校教育有多少程度是尊重孩子，站在他們的角度去思考問題呢？大多數的父母親和學校教育體制所說的為孩子著想，或許只是想讓孩子走在成人所設定的

一條放心的道路上，而這樣的「善意」並不是真的善意，其可能產生的固著僵化造成台灣的教育改革始終無法成功。

以林書豪為例，他的父母親並不會因為他是哈佛大學經濟系畢業的高材生，就強迫說服他進入華爾街輕鬆賺大錢。他們反倒是尊重豪小子個人的興趣，並且大力支持鼓勵他勇敢追夢，嘗試挑戰亞洲人天生體能與身材限制下最難生存從事的美國 NBA 職業籃球，在過程中還必須經歷與忍受這麼多的失敗挫折以及批評屈辱，最終才得以獲得美國民眾的認同和掌聲。這樣的例子值得提供給台灣的父母親和教育工作者省思，我們或許不應該太過於限制孩子生命發展的方向，反而應該調整自己的做法，給予他們更多追尋自我、了解自我的時間和空間。我們必須明瞭的是孩子人生的這條路或許跟別人不一樣，或許崎嶇難行沒辦法有清楚的結果可以看見，然而師長們卻是可以從旁協助他們找尋自己生命的價值和未來職業的興趣，適時指引或提供合適的方法和建議，接納他們的成功與失敗，與孩子一起經歷生命中的歡笑與淚水，鼓勵並支持他們完成自己的夢想。

## 五、多元文化教育的典範

在美國大多數人的普遍認知裡，籃球是屬於黑人與白人的運動，身為亞裔的黃種人，在籃球的運動根本得不到重視，更遑論要想在美國職業籃球 NBA 殿堂闖出一片天。林書豪過去曾經代表母校哈佛大學征戰 NCAA，經常聽到場邊觀眾大聲呼喊：「睜開你的眼睛」、「樂隊在校園的另一邊」。即使他本季在面對西區冠軍湖人隊時表現傑出拿了 38 分打敗了湖人隊，其得分也遠勝過湖人隊中的超級球星寇比‧布萊恩，但是他每天仍須面臨部落客或是其他名人的冷嘲熱諷，其中的主要原因就在於林書豪是亞裔黃皮膚的美國職業籃球運動員。

然而林書豪並不因此畏懼別人歧視的眼光，反倒以更優異的表現證明黃種人也可以打好籃球，包括 NBA 的美式強力籃球。豪小子全方位的籃球實力

吸引了所有亞裔美國人的目光，他是 NBA 唯一的亞裔美國球員，也是全美職業運動中，為數不多的亞裔運動員其中之一。但他的成功故事，適足以作為多元文化教育的典範，針對美國社會輿論對於亞裔球員的不公平與歧視，轉化成實際的行動力證明他們的籃球才華。林書豪的典範已經或是正在激勵每個仍在自己領域奮鬥的亞裔運動員，重新評估自己的職業生涯並且重視自己的運動能力，時代雜誌專欄作家艾瑞克對此表示：「也許林書豪能轉隊或從事其他運動，但身為美國公民的他，已悄悄改變了這個國家。」

【本文取自王全興、劉祐彰（2012）。從豪小子效應省思台灣的教育體制。台灣教育雙月刊，675，49-50。】

# 7 學習者中心教育環境

## 一、前言

學習者中心強調學生的興趣，經驗，背景知識，發展水準和能力。McCombs 和 Whisler（1997）將學習者中心教育定義為：

（一）重視個別學習者 ( 包含他們的遺傳、經驗、想法、背景、興趣、文化及需求 )。

（二）重視學習 ( 如何讓教學活動能最有效的提高學習者動機及成就感 )。

因此，以學習者為中心之環境學習者，具有下列的特徵：包含它是一種新的挑戰、一種期望的解釋、提供了選擇和控制、鼓勵合作的學習、學習的特質與個人興趣相符、相信個別學習者有能力成功、尊重與重視學習者的想法、注意到個別的學習者、以及具備一些評鑑的標準和方法（Chickering & Gamson, 1999）。

就此觀點，學習者中心教育包含學習者及學習，促使所有學生有效學習，至於管理者有責任提昇學校環境來增強學生的有效學習，同時教師也有責任提昇教學技巧以促進學生有效學習。綜上所述，學校致力於學習 ( 包含教室環境、教師態度 ) 以及幫助每一位學習者發揮潛力，以下分述五點敘明於下：

（一）學習者各有特有的觀點、環境、興趣及目標等。

（二）學習者有各種不同的差異，包含心智狀況、學習速度、學習方式、感受，及其他不同的需求。

（三）學習是一種過程，最佳狀況發生在對學習者有意義的情況下，或

發生在學習者依其先備知識，主動創造知識的時候。

（四）學習最好發生在具備正向人際關係及互動的環境，使學習者覺得
被讚賞、被承認及被尊重。

（五）學習是一種自然的過程。

## 二、學習者中心的心理學基礎

20 世紀，有些心理學的發展影響到學習者中心的教育。這些發展包含認
知心理學、建構主義、多元智能理論。

### （一）認知心理學

首先，學習並非如行為主義學派所說的，以刺激和反應的連結來代表學
習，其中最早提出異議者是完形心理學 (Gestalt Psychology) 的學者們，其中
最著名的就是德國完形心理學派的重要心理學家柯勒（Kohler），以及他所提
出的頓悟學習。頓悟學習著重於必須考量到學習者的智力、問題情境的結構、
過去經驗或先備知識、學習內容的性質以及個體的意願等因素，如此一來，
較易獲得頓悟學習的成效（林生傳，1999；張春興，1996）。

其次，對於學習的基本歷程，美國心理學家托爾曼（Tolman）則持
另一種見解。他認為學習者對於環境中事物的認識與瞭解，是學習的必要
條件，也就是學習者本身要能去發現刺激與刺激或符號與符號之間的關聯
（Lefrancois, 1982）。

接著，皮亞傑（Piaget）的認知發展理論激發了從事教育工作者思考一
些基本的問題，那就是學習者與學校在學習過程中應扮演何種角色。皮亞
傑的理論被解釋為重視以「兒童為中心及以環境為中心」的教育（Mayer,
1985）。兒童為中心意指任何階段的學習者其思考模式不同，因此當教學能
配合學習者的認知發展水準時，教育才能發揮其效能；環境為中心則強調學
習者必須透過與環境的互動，進行同化與調適，才足以使學習者的認知結構
產生改變（Flavell, 1982）。

再者，布魯納（Bruner）的發現式學習概念中，認為人類的學習絕非透過機械式的記憶或者是刺激與反應的制約而已，他認為所謂的學習，應該是學習者與環境的互動，主動探索各種不同的資訊，並運用歸納推理的方法，建立並檢驗假設，以利發現學科知識的整體結構（Bruner, 1973; Bruner, Goodnow & Austin, 1956）。

又者，奧蘇貝爾（Ausubel）倡導有意義的學習理論，強調新的學習必須與個體原有認知結構舊經驗相關聯，由於這種關聯或意義未必為學習者本身所覺察，因此他主張透過前導組體的方式，協助學習者進行有意義的學習（Ausubel, 1978; Ausubel & Robinson, 1969）。

最後，訊息處理理論依據艾特金生和盧芙苓（Atkinson & Shiffrin, 1968）所創的模式中，根據他們的基本假設，主要在描繪人類記憶系統的性質和知識在記憶中的表徵，教學的主要目的，是促使學習者發展並擁有豐富的知識和有效的策略。教師的角色應提出有趣的問題及引人注目的教材，促使學習者對新議題的注意，並藉由連結學習者已知的訊息來編碼和記憶新訊息（Divesta, 1987）。

## （二）建構主義

建構主義是一種以學習者中心的理論，它認為要學習任何事，每位學習者必須建構屬於他或她自己想法和知識，同時將新訊息和先備經驗相聯結。建構主義有兩個主要部份，其中之一為「強調學習者間的互動」，另一個則是「重視及尊重每一位學習者的看法和見解」。

同時，建構主義質疑傳統教育的目的，提倡創新與重組的教學，其目的著重在學習者解決真實生活中實務性的能力，呼籲學生能從博學的教師擷取新知，從而建構自己的知識（Von Glasersfeld, 1987, 1989）。

多數建構主義認為：教育過程應該促使學習者在發展時期中有所進步，他們視今日多數的教育太過結構化，造成了抑制學習者理解世界的本能，所

以身為一位教師應提供合適且能夠促進學習者各階段發展的學習活動，並藉由更多的探索、無結構的學習以及問題的解決，從而促成認知的成長。

近年來，建構學派結合問題導向活動、小組合作學習、相關經驗、興趣與活動，以及資訊科技所呈現的視覺影像和心智模式，營造出更豐富的學習者中心教學環境，並非單靠教師、教科書、以及相關設備教材等簡單的教室環境而已。

## （三）多元智能理論

加德納（Gardner, 1983）的多元智能理論（theory of multiple intelligences），並非全然是建構式的，但其符合建構主義強調的小組合作，同時作為分散智能的功用。根據加德納的理論，強調學習者的長處與才能有極大的差異，每位學習者可以為小組提供獨特、有價值的貢獻，更重要的是，多元智能有助於解釋學習者對於目標成功和標準的差異。

由於每一個學習者都有獨特的智力結構，強弱不盡相同，所以每一位學習者的學習方式也有所不同。多元智能強調人類學習的高度個別化，教師需瞭解學習者的心智特性，使教學法能與學習者的特點相配合。因此，一位有效能的教師需經常注意教育的相關輔助器材，盡可能符合學習者獨特的學習模式（林進材，1999；張新仁，2003；簡紅珠，1998）。

當教育目標及方法如上述而有所改變之際，教師也需要有新的方式評量學習者的進步。因此，以學習者為中心採取的是「多元」的評量方式，融合質性與量化的評量，一些受歡迎的評量方法包括「另類評鑑」、「真實評鑑」，以及「檔案評量」等的運用，這種把學生當成評鑑對象所進行的評鑑是立基在一種較大範疇的資訊底下，反映出他們的行為、施行、態度、技能與目標（Nevo, 1995）。

## 三、學習者中心環境的營造和佈置

如何營造學習者中心的教育環境，項目主要包含如下：

1. 教育應該以學生經驗為中心：洛克相信個別化的學習是經由經驗，維果斯基認為所有學習是藉由先備經驗去嘗試新的事物，同時皮亞傑等人亦相信最佳經驗產生於學習者操弄事物及解決問題，而杜威亦強調做中學以獲得實際經驗。

2. 每一位個別學習者有屬於他自己獨一無二的特質和性向：洛克相信教育經驗計劃應該開始於重視學習者。一個好的情境營造應該告訴學習者如何進行，並建議老師觀察學習者的學習以及如何佈置。若能如此，這樣的教學環境才能符應每一位學生的需求（Garforth,1964）。

3. 學習者認知能力應與環境相結合：洛克清楚描述在遊戲中學習的重要概念。以學習者為中心的老師們必須學會營造適合學習者認知能力的教學環境（Garforth,1964）。

4. 提升和支持學習者的好奇心：洛克了解好奇心是引導學習的重要部分。他建議老師要經常回答學生的問題、傾聽學生的想法。杜威亦明確地指出透過學習者的活動去提高學習者的好奇心。

5. 最佳的學習應該是包含情感成分：早期杜威曾經寫過關於「附加學習」或「包涵情感的學習」，也許所有偉大的教學法的錯誤見解即是一個人在學習的同時，只學習主要或是特殊的事情。Maslow(1973)曾經給予同樣強烈的證明，對於情緒與學習的連結，他稱作為「內在學習」。當他回顧一生時，發現最佳的教育經驗，也就是重視高度的個人化、主觀性、切身的情緒與認知的連結。

6. 學習環境應該是自由的，以及免於恐懼的：洛克提醒老師，愛以及無恐懼的環境，對孩子是非常重要的。盧梭覺得不友善的孩子需要來自社會的保護。裴斯塔洛齊認為老師們應該是學校及家庭的好伙伴，他主要是

受到福祿貝爾、赫爾巴特、蒙特梭利的影響，主張將學校中的恐懼移除（Garforth,1964）。

## 四、結語

　　面對學生特質的多元性、社會對人力素質的新需求、及建構主義對認知革命的再造，人們將「學習者是等待填充知識的容器及學習是片段知識的累積或灌輸，教師的工作是對學習者填滿知識或資訊，學習者負責接收知識」的傳統觀，轉變為強調學習歷程的動態性，「學習者是一盞探照燈，從事連結、解決問題、及建構知識，教師只是學生主動性學習的促進者」的新觀點，這促使多數教育工作者認為教學是在激發學生的學習過程技能，而不是具體事實的背誦記憶（Simonson & Thompson, 1997）。欲此，作為一個有效能與效率的教師，必須隨時省思著教育目的與教育內涵是否以學習者為中心，以俾幫助教育環境中的每一位學生發展潛能。

參考文獻

林生傳（1999）。**教育心理學**。台北市：五南。

林進材（1999）。多元智慧的課程與教學設計。**師友，388**，22-25。

張春興（1996）。**教育心理學：三化取向的理論與實踐**（修訂版）。台北市：東華。

張新仁（主編）（2003）。**學習與教學新趨勢**。台北市：心理。

簡紅珠（1998）。多元智能理論對課程與教學的啟示。**教師天地，93**，23-27。

Ausubel, D. P. & Robinson, F. G. (1969). *School Learning*. NY: Holt, Rinehart & Winston.

Ausubel, D. P. (1978). In defense of advance organizers: A reply to critics. *Review of Educational Research, 48*, 251-257.

Bruner, J. S. (1973). *The relevance of education*. NY: Norton.

Bruner, J. S., Goodnow, J. J., & Austin, P. M. (1956). *A study of thinking*. NY: Wiley.

Chickering, A.W. & Gamson, Z.F. (1999). Development and adaptations of the seven principles for seven principles for good practice in undergraduate education. *New Directions for Teaching and Learning, 80*, 75–81.

Divesta, F. J. (1987). *Historical foundations of educational psychology*. NY: Plenum.

Flavell, J. (1982). On cognitive development. *Child Development, 53*, 1-10.

Gardner, H. (1983). *Frames of mind*. NY: Basic Books.

Garforth. F. W. (1964). *John Locke: Some thoughts concerning education*. Woodbury. N.Y.: Barron's

Lefrancois, G. R. (1982). *Psychological theories and human learning* . Monterey, CA: Brooks/Cole Publishing Company.

Maslow. A. (1973) What is a taoistic teacher? In L.J. Rubin(Ed.) *Facts and findings in the classroom.* NY: Walker.

Mayer, R. E. (1985). *Educational Psychology: A cognitive approach.* NY: Freeman.

McCombs. B. L. & Whisler. J.S. (1997). *The learner-centered classroom and school: Strategies for increasing student motivation and achievement.* San Francisco: Jossey-Bass publications.

Nevo, D. (1995). *School-based evaluation: a dialogue for school improvement.* London: Pergamon.

Simonson, M. R. & Thompson, A. (1997). *Educational computing foundations.* Upper Saddle River, NJ: Merrill/Prentice Hall.

Von Glasersfeld, E. (1987). *Constructivism as a scientific method.* NY: Pregamon.

Von Glasersfeld, E. (1989). Cognition, construction of knowledge, and teaching. *Syntheses, 80,* 121-140.

# 8 邁向十二年一貫課程下的教師進修活動

## 一、前言

　　所有的教師進修活動，應該起源於教學現實生活的需求與問題的解決。固然進修所附加的社會（如學位尊榮）和經濟（如提敘加薪）的價值，有極大的誘因激發教師從事此項行為。但從進修活動中，所獲得的知識技能、道德意志的培養、或情感認同的陶冶，主要的意義還是在於能夠增進教師的教學能力，有效的處理日常教學的問題，發揮專業效能增進學生之有效學習。但現今部分進修學習規劃的設計，往往忽略了教師日常教學與所經歷的真實情境，沒有正視與發揮學校本位在地經驗的運作模式，使得各項措施活動與教師經驗疏離或學校情境脫節，進而使進修失去焦點和功能。

## 二、具體作法

　　當前即將推展與實施十二年國教，在運作初期勢必研習活動會遭遇到一些困境，以下筆者提供若干作法以供後續參酌：

### （一）持續推動課程革新，強化十二年一貫教學創新

　　根據研究結果發現，我國正因應第四級產業—知識經濟急速發展的新世紀，因此，陸續有教育改革的需求，其中包含教訓輔三合一、小班教學精神、多元智慧教學、多元評量、教學創新、帶起每一位學生、九年一貫課程，以及當前即將上路的十二年一貫等理念。因此，若能繼續強化教學創新的內涵與特色，尤其在十二年一貫課程改革之成效加以著墨，將更具跨時代意義。而此次的十二年一貫課程改革應被視為歷程，而非結果，所以應將先前教育

改革去蕪存菁，並持續推動，以達成教學創新的目標。

## (二) 健全配套措施，妥適安排各領域課程授課時數

教師往往在研習時學到一些新的理念與作法，回到學校常礙於設備、時間（需投入較多時間準備）及教學時數，因此並無法完全照研習時所學的方法去施行。因此，教育行政機關除了充實教育經費、教學設備以及增加各領域課程授課時數等配套措施外，亦應充分瞭解教師在教學過程遭遇困難與建議事項，研擬並提供具體解決策略，使整個配套措施更為完善，讓教師教學無後顧之憂。

## (三) 加強研究與溝通，累積成效與發現困難

「研究」是解決問題最佳方法。教育行政機關應鼓勵國內專家學者、研究人員或基層教師針對課程改革進行實徵研究，找出十二年一貫課程的困難癥結，並蒐集成功的教學經驗，以作為相關學校參考。尤有進者，相關單位應加強宣導十二年一貫課程，透過傳播媒體向社會傳達教育改革訊息，以及十二年一貫課程實施成效，激發教師、家長以及社會大眾對新課程的期待與熱情。例如：將試辦學校實施創新教學、學校本位課程、創意表現之成果拍攝影片、製作光碟，並公佈在網路上，讓各學校之經驗與特色，得以分享與宣揚。

## (四) 建構跨縣市及全縣、市研習活動資料庫平台

教育行政機關應秉持服務之職責，發揮管理與統籌功能，積極建立研習活動資料庫統一平台，將有關教師參與研習活動資料彙整，尤其對於各項研習活動的宣導以及教師參與研習活動的完整紀錄，集中管理與分享，以達到知識管理之目的。例如：在各縣市地方教育局網站，建立完備的課務管理系統及學習護照，便於教師瞭解各項研習活動的時間、地點、項目，以及透過網路查詢研習結果，以避免因上課時間衝突或重複研習等狀況出現，作為提升教師本身專業發展與成長。

## (五) 研習活動完整規劃，提供多元進階研習課程

　　教育部需依據課程綱要及教師需求，擬定十二年一貫課程「基礎及進階研習大綱」，將十二年一貫課程研習內容分為基礎與進階兩層面，鼓勵大多數教師都應參加過基礎研習，接著再參與多元進階研習課程。因此，教育行政機關應統籌規劃相關研習活動事宜，訂出各項研習課程綱要、目標與詳細計畫，搭配研習課程設計的結構性、連貫性、完整性及循序漸進，甚至藉由學校間策略聯盟，以減少資源浪費或課程重複之弊病。總而言之，事前確實掌握教師研習的需求層面（包含內容需求及方式需求），事後進行綜合評鑑（包含課程、師資或教師本身評鑑），以達事權統一之目標。

## (六) 傾聽基層教師聲音，作為規劃研習活動之依據

　　從相關研究結果顯示，教師研習內容與方式仍不符教師所需，現有研習活動，亦無法滿足教學創新之需求。由此顯示，目前教育行政機關所辦理的相關研習活動，與教師切身需求的研習活動，兩者之間是有極大差距存在。例如：教師迫切需求的研習往往是相關單位在辦理研習活動中最闕如的一部份。相關主題的需求如此受到教師高度肯定，至今未受應有之關注，可以納入未來研習規劃。是故，惟有透過由下而上或問卷調查的方式，積極瞭解教師意願以及傾聽基層教師聲音，作為規劃整個研習活動之依據，方為上策。

## (七) 培育專長教師，分享教學經驗

　　根據研究調查發現，「具有專長教師經驗分享」獲得高度肯定。因此，教育行政單位應規劃辦理跨縣市或全市專長教師經驗分享，或者透過演講與實作並重的產出型研習，以達到研習活動之綜效。同時在訪晤活動中亦發現，產出型研習需給予教師寬裕時間，並搭配相關助理人員（可由專長教師擔任）從旁協助，以避免造成教師極大壓力。

## (八) 透過策略聯盟模式，克服師資與經費不足的問題

　　各校基於學校本位或教師整體進修需求的不同，在研習規劃與活動型態

上並不相同，小型學校常遭遇到的困難是因校內人數少，導致辦理研習的過程中，常有參與人員不足或經費上的困擾。至於，大型學校因教師人數較多，也有難以滿足多數教師需求之憾。因此，建立區域性學校合作策略聯盟研習模式，數所學校共同規劃與進行研習活動，除可提供多元的學習層面，滿足教師的需求外，更可進行有關於教學實務與經驗的分享，創造共贏的研習局面。

## (九) 尊重教師意願，規劃校內外研習活動

從相關研究結果顯示，徵詢教師意見對教師的幫助甚大，也較能滿足教師本身需求。因此，研習承辦人員在規劃研習活動前，可以透過問卷調查表或口頭方式辦理，考量各類研習活動最適合辦理的方式，並提供多元的研習主題與內容，以提昇教師參與研習的動機與成效。尤其，校外研習活動因地點太遠或時間太長，更應尊重教師自我意願，而非強迫參加不符需求的研習，如此將本末倒置，無法達成研習活動之主要目的。

## (十) 校內資料建檔，協助處理課務及代課問題

教師研習往往重複性過高，甚至主題與主講者都一模一樣，尤其又遭遇課務及代課等問題，造成教師對於研習意興闌珊。因此，建立全校教師課務及代課資料建檔之模式，引進全面品質管理精神，落實組織成員的對話，強化成員的互動，似乎可以解決類似問題，也較能確保教師皆能廣泛參與各類研習活動。

## (十一) 考量教師需求，運用多元互動模式

教師期盼未來研習方式，是多元互動模式，不宜侷促單向專題演講。有關「具有專長教師經驗分享」、「教學觀摩」，以及「實際教學問題專業對話」等，較受教師所喜愛與嚮往，一致受到極為高度肯定。因之，在規劃教師研習活動實施方式之際，宜慎重考慮有關教師需求，優先採納教師喜愛方式，避免侷限於未充分受到肯定的演講導向方式，以提升教師專業發展的研習成

效。

## (十二) 蒐集多方資訊，落實教師專業成長

教師參與研習研習既是權利也是義務。各校應鼓勵並協助教師擬訂自我進修計劃，培養第二專長，以提昇教學的品質。目前除教育機構外，民間機構亦積極辦理各類增進專業知能的研習活動，各校應即時蒐集民間機構的研習活動資訊，藉由網路或電子郵件提供校內教師參考，藉以擴充教師的知識與視野，活絡教師教學動力，提升教師專業發展與成長。

## (十三) 體認教師角色轉變，積極改變研習心態

根據文獻探討明瞭，九年一貫課程改革，使得教師角色不僅僅只是教學者，更是研究者與學習者，此外，也賦予教師更多專業自主之權利與責任。特別是十二年一貫課程即將推展，教師更必須體認自己角色的轉變，改變以往只求累積研習時數、虛應故事、無心研習或課間睡覺的消極心態，成為一位積極主動專業發展者。教師如能多參與研習，多與教師交換教學經驗、相互觀摩、參加讀書會等，對教學創新與專業發展有極大幫助，而目前教師在參與專業學習社群以及閱讀教育專業刊物方面，仍有待努力。

## (十四) 透過交流與激盪，增加同儕團體研討方式

依據研究顯示，同儕教師團體研討有助於促進專業發展。透過教師間交流與激盪，彼此交換教學成效與實施困難，分享教學經驗與研習資訊。因此，宜在課程組織運作、課程統整設計以及協同教學等層面，加強教師互助合作，而不應侷限於教學年資、性別、任教年級以及理念認同程度等因素，以充分解決教學上各項問題，發揮最大教學之綜效。

## (十五) 透過行動研究或適當研究，以利教學實施

教師在教學上常常遭遇困難或瓶頸，此際行動研究結合了對課程問題的研究與解決問題的行動，不僅重視課程問題之研究，並著重實務問題之解決，藉由計畫、實施以及評鑑的多循環歷程，找出解決方針。因此，教師面對未

來變遷應具備行動研究及教育研究之能力，據此以發展教學相關課程，解決教學情境上之實務問題。

## 三、結語

　　十二年一貫即將實施，教師教學必須不斷創新，否則無法因應科技與知識爆炸成長之今日。教學卓越不是譁眾取寵、標新立異或與眾不同，而是結合教育理念條件，試圖找出更有效及更簡單的途徑。近年來創新教學大大衝擊傳統制式教法，在創新教學理論以及視訊媒體的引入，不但重視課室溝通的意義和內涵，也強調多元與適性的教學方法，如此兼具理論與實務的改革，將能符應世界課程改革的潮流。

# 9 面對全球素養應有的心態

## 一、前言

一口廢井裡住著一隻小青蛙，它的生活圈子太小了，它所接觸到的，所碰觸到的，往往只是周圍的井壁；它所看見的、所聽到的，僅是井口上方的天空和周遭靜寂的聲響。有一天，青蛙在井邊碰上了一隻從海裡來的海龜，它對海龜誇口說：「你看我住在這裡多快樂啊！有時高興了，就在井邊跳躍一陣；疲倦了，就回到井裡，睡在洞邊休息一回；或者只露出頭和嘴巴，安安靜靜地把身子泡在水裡；或者在軟綿綿的泥漿裡散步，也很舒適。看看那些蝌蚪，誰也比不上我。而且，我是這個井裡的主人，在這裡無憂無慮、自由自在。你為什麼不常到井裡來遊玩遊玩呢！」那海龜聽了青蛙的話，倒真想進去看看。但它在左腳還沒有整個伸進去，右腳就已經給絆住了。它連忙後退了兩步，緩緩把大海的情形一五一十告訴青蛙說：「你看過海嗎？海的廣大，哪只千里？海的深度，何只千丈？古時候十年有九年大水，海裡的水，並不漲了多少；後來八年裡有七年大旱，海裡的水，也不見得淺了多少。可見大海是不受旱澇影響的。住在那樣的大海裡，才是真正的快樂呢！」井蛙聽了海龜的一番話，吃驚地呆在那裡，再也說不出一句話了！由此可見，全球素養的重要性。

一天，鄉村小學為老鼠們舉辦筆試，筆試內容是「都市的生存法則」，每位老鼠都把教科書背得滾瓜爛熟，各個成績都十分理想。校長看到同學們的成績非常滿意，於是帶同學們到都市旅行。但沒想到一進都市，老鼠們就被車水馬龍的場景所震懾，把車子當成森林裡常追趕他們的怪獸，瘋狂亂竄

了起來。校長十分灰心的帶著學生回到鄉村，並展開一連串「課程革新」。首先，是在各科都融入了「都市」這一項主題，例如：國語課時，教同學都市的用語；社會課時，教同學都市的歷史及文化習俗，而在閱讀課時，老師會和大家共讀關於都市的書籍並做討論，也會鼓勵學生和都市的老鼠做交換學生。而在彈性課時，老師更請老鼠們找出在都市求生會遇到的問題，並分組想出解決方法。有時還會邀請都市的老鼠來學校為同學上課，講解都市的環境及背景。甚至教同學運用網路的 google map，實際觀看都市街景、瞭解路線。而經過了這些訓練，老鼠們有了更多的知識、內涵與素養，對於都市也有了更全面的瞭解。隔年，校長老鼠再次帶領著老鼠學生們前往都市旅行，果然鄉村的老鼠們在都市裡都不再害怕，也有了新的體驗，甚至還帶了鄉村環境與生存法則到都市分享！由上可知，全球素養實踐的可行性。

有一天，三位迷你小矮人到羅浮宮看米勒的世界名畫「拾穗」，為了看個仔細，出門前特地帶了一支望遠鏡。在服務人員的帶領下，他們三人終於來到畫作前面。偷偷拿出了望遠鏡後，第一位小矮人一看，大聲的說：「這幅畫就是一位藍帽子的人彎腰撿麥穗。」第二位小矮人聽完趕緊搶過望遠鏡，也大聲的說：「不對，這幅畫是畫一位紅帽子的人彎腰撿麥穗。」輪到第三位小矮人了，他更大聲的說：「哎呀！都不對，這明明就是畫黃帽子的人彎腰撿麥穗呀！」請問，拾穗到底是帶哪種顏色帽子的婦人彎腰撿麥穗呢？我們如何讓孩子們瞭解和知悉呢？上述需要透過一些思維、策略與實做關注全球素養這一個議題。

曾有一則笑話描述缺少全球素養的遺憾：聯合國組織曾針對糧食缺乏一事，對全球的小朋友發出問卷提問：「目前世界各國仍存在著部分糧食缺乏的情形，對此，請提出個人的意見。」結果，回收的問卷顯示，歐洲的小朋友不明白什麼叫「缺乏」；非洲的小朋友不明白何謂「糧食」；亞洲的小朋友不會說「個人意見」；而美國的小朋友則不懂「世界各國」。上述雖然是一則笑話，但卻顯示出全球素養的重要性與透過教育教導的迫切性。當前「新

經濟時代」與「資訊社會」之科技網路世代的各種生活場域，在因應當前後現代社會複雜生活所需的知識、能力與態度，這就是所謂的「全人素養」或「全方位的素養」。這種素養的意涵，著眼於因應全球化與在地化、學校內與學校外的環境變遷，過去、現在與未來社會所需要的全方位「國民核心素養」。在國民核心素養當中，所謂「全球素養」範疇涵蓋「全球議題」的知識、能力、態度和價值觀，培養出具有全球視野「自主行動力」、「溝通互動力」及「社會參與力」的「全方位素養」公民，例如：全球化議題、多元文化問題、全球就業力、青少年移動力等層面。由此可知，全球素養（global competence）在當今或未來社會、生活與工作佔有一席之地，特別是國際經濟暨社會組織(OECD)認為，未來公民應具備「全球素養」，2018年PISA國際學生能力評量計畫，除評量閱讀、數學、科學能力之外，增加全球素養評量計畫亦可見其重要性。

目前的九年一貫課綱及未來的十二年國教課綱當中，有關中小學課程中尚未具體規劃出全球素養相關課程、教學及活動，此舉容易造成學習落差甚至可能無法因應未來公民所需的基本素養。未來或許可以透過下列可行策略來培養學生相關知識、能力與態度：（一）融入各大領域及重要議題；（二）鼓勵戶外教育或文化交流；（三）透過資訊科技發展多元學習；（四）行銷校本特色接納多元文化；（五）透過閱讀學習營造浸潤環境；（六）小小解說走讀共學共有共好；（七）採行多元、真實與實做評量等。當然，「全球素養」的學習不應捨近求遠，可以先從瞭解自己的學校、社區及鄉土出發，進而尊重不同且多元的文化，透過融入、參與、操作與網際網路等策略，讓孩子們漸次體會全球素養的意涵，讓孩子們在潛移默化中培養出具有「全球素養」的公民，如此方能在多變的時代更具國際競爭力。

國家圖書館出版品預行編目資料

教育思想起：看見老師、學生核心素養／王
全興著． －－二版．－－臺北市：五南，
2017.08
面； 公分
ISBN 978-957-11-9303-8 (平裝)

1.臺灣教育 2.教育改革 3.文集

520.933 106012502

1I1G

# 教育思想起
## 看見老師、學生核心素養

作 者 ― 王全興 (6.7)

發 行 人 ― 楊榮川

總 經 理 ― 楊士清

副總編輯 ― 陳念祖

編輯設計 ― 冠皇彩色製版印刷

封面設計 ― 冠皇彩色製版印刷、姚孝慈

出 版 者 ― 五南圖書出版股份有限公司

地 址：106台北市大安區和平東路二段339號4樓

電 話：(02)2705-5066 傳 真：(02)2706-6100

網 址：http://www.wunan.com.tw

電子郵件：wunan@wunan.com.tw

劃撥帳號：01068953

戶 名：五南圖書出版股份有限公司

法律顧問 林勝安律師事務所 林勝安律師

出版日期 2017年 3 月初版一刷
2017年 8 月二版一刷
2018年12月二版三刷

定 價 新臺幣380元